2018—2019 年中国工业和信息化发展系列蓝皮书

2018—2019 年
中国原材料工业发展蓝皮书

中国电子信息产业发展研究院　编著

刘文强　主　编

肖劲松　马琳　副主编

电子工业出版社
Publishing House of Electronics Industry
北京 · BEIJING

内 容 简 介

本书从综合、行业、区域、园区、企业、政策、热点、展望八个角度，分析总结了2018年我国原材料工业的重点、难点和热点情况，并对2019年的发展趋势进行了预测分析。全书遵循了赛迪智库原材料工业发展蓝皮书的一贯体例，共8篇29章内容。

本书可为政府部门、相关企业及从事相关政策制定、管理决策和咨询研究的人员提供参考，也可以供高等院校相关专业师生及对原材料工业感兴趣的读者学习。

图书在版编目（CIP）数据

2018—2019年中国原材料工业发展蓝皮书 / 中国电子信息产业发展研究院编著. —北京：电子工业出版社，2019.12

（2018—2019年中国工业和信息化发展系列蓝皮书）

ISBN 978-7-121-37542-2

Ⅰ. ①2… Ⅱ. ①中… Ⅲ. ①原材料工业—工业发展—研究报告—中国—2018—2019
Ⅳ. ①F426.1

中国版本图书馆 CIP 数据核字（2019）第 213910 号

责任编辑：许存权（QQ：76584717） 特约编辑：谢忠玉 等
印　　刷：天津画中画印刷有限公司
装　　订：天津画中画印刷有限公司
出版发行：电子工业出版社
　　　　　北京市海淀区万寿路 173 信箱　邮编：100036
开　　本：720×1 000　1/16　印张：15　字数：320 千字　彩插：1
版　　次：2019 年 12 月第 1 版
印　　次：2019 年 12 月第 1 次印刷
定　　价：168.00 元

凡所购买电子工业出版社图书有缺损问题，请向购买书店调换。若书店售缺，请与本社发行部联系，联系及邮购电话：（010）88254888，88258888。

质量投诉请发邮件至 zlts@phei.com.cn，盗版侵权举报请发邮件至 dbqq@phei.com.cn。

本书咨询联系方式：（010）88254484，xucq@phei.com.cn。

前　言

原材料工业是工业的基础性先导产业，是制造业的条件、支撑和保障。原材料工业是国民经济的基础和支柱产业，具有产业规模大、关联度高、带动作用强、资源能源密集等特点。原材料工业的发展水平和质量，直接影响和决定着国家工业化与制造业的发展水平、质量和经济安全。美国、日本、欧盟等发达国家和地区都高度重视原材料的战略保障与安全。

2018 年，面对错综复杂的国内外经济形势，特别是中美贸易摩擦和美国在钢、铝等原材料国际贸易中对其他国家的全面开火，国内经济下行压力加大、行业深层次矛盾日益凸显，我国原材料工业牢牢把握供给侧结构性改革这条主线，结构性去产能持续加力，行业供需状况明显改善，实现了行业总体平稳增长、主要产品价格稳中趋涨、行业效益持续改善。据统计，2018 年全国原材料工业增加值同比增长高于工业增长速度，较好完成了年初预定的目标任务，各项重点工作取得明显成效。

（一）深入推进结构性去产能。在国务院的统一领导下，加大了钢铁行业去产能的统一部署和督导力度。据统计，2018 年全年压减钢铁产能超过 3000 万吨，提前完成"十三五"确定的钢铁去产能 1.4 亿吨至 1.5 亿吨的上限指标，累计处置"僵尸企业"或具有"僵尸企业"特征的粗钢产能超过 6000 多万吨。水泥、玻璃、电解铝等行业严把产能置换关，加大了政策宣贯力度，严肃查处行业违法违规问题。全年实现了 400 万吨电解铝产能跨省置换。经过一系列去产能政策措施，工业产能利用率得到大幅提升，带来了钢铁、电解铝等行业价格恢复性增长。工信部联合科技部、商务部、市场监管总局共同出台《原材料工业质量提升三年行动方案（2018—2020 年)》，通过完善标准供给体系、实施质量技术攻关、开展质量分级评价等，进一步提升原材料工业发展的质量和效益。

（二）积极推进危化品生产企业搬迁改造。工信部会同应急管理部牵头成立了由 14 个部门组成的危险化学品生产企业搬迁改造工作组，负责研究制定工作计划。指导各地开展摸底调查、确定搬迁改造企业，并组织专家对各地搬迁改造方案进行评议和把关，并会同有关部委组织开展对 21 个重点省份的督导调研。将危化品企业提质增效纳入 2019 年技改支持方向，争取中央财政资金给予支持，并推动金融机构优先支持列入技改导向计划的项目。

（三）加快发展新材料产业。组织编制 2018 年度新材料"折子工程"，印发了领导小组年度相关工作方案。会同有关部门制定新材料产业分类目录，印发《新材料产业标准领航行动计划》，发布《新材料技术成熟度登记划分及定义》标准。举办了新材料产业发展战略、中青年技术骨干等出国培训班和新材料创新发展研修班。联合财政部印发资源共享平台建设方案，落实资金渠道。利用工业转型升级（部门预算）资金支持 9 个国家生产应用示范、测试评价、资源共享平台建设和首批次保险补偿试点。综合利用技术改造、强基工程、智能制造等专项支持新材料项目。继续推进民机铝材上下游合作机制，召开了 2018 年度工作会议，明确年度重点工作任务进度。梳理关键产品和技术清单，研究新材料领域补短板、强长项专项方案。举办第五届新材料博览会，以及汽车轻量化材料展，搭建新材料产业产学研用交流合作平台。举办 2018 年首届"中俄钛业论坛"，支持引进俄罗斯有色材料领域先进装备技术。

（四）积极营造良好的行业发展环境。一是开展规范管理，组织开展 2018 年钢铁行业企业规范年度审查工作，对铸造生铁高炉、钛合金和焦化企业规范和准入管理展开动态调整。修订铜、铝、铅、锌、萤石等行业规范条件。二是完善管理方式，加快推动简政放权，取消下达黄金指导性生产计划。积极推进稀土立法，完善稀土监管常态化工作机制和生产总量控制指标分配评价机制，与自然资源部下达 2018 年稀土、钨生产总量控制指标。推动完善错峰生产，按环境绩效实施限产停产，不搞"一刀切"。三是整顿稀土秩序，联合有关部门开展督查，督促内蒙古、江西、四川、河南等地开展打击稀土违法违规专项行动，严肃查处存在问题的企业。此外，还联合发展改革委修订发布《石化产业规划布局方案》并召开宣贯会。印发《建材工业鼓励推广应用的技术和产品目录（2018—2019 年本)》。积极推进智能制造，将钢铁、有色等行业项目列为 2018 年试点示范。深入推进产业精准扶贫，开展非金属矿深加工扶贫试点，并将相关扶贫项目向国开行进行推荐。

积极开展国际合作交流，组织中美第十二届工程学会会议新材料组会议，中欧第七次原材料工作组会议和中俄总理定期会晤工业合作分委会原材料工作组会议，以及中俄铝产业发展对话会议，深化与美国、欧盟和俄罗斯在原材料领域的务实合作。

展望 2019 年，中美之间贸易摩擦的不确定性增大，国际贸易环境更加严峻，国内经济下行压力加大等国内国际形势依然复杂严峻，而且原材料工业仍然面临着调整存量结构、严控新增产能、节能减排压力加大、技术创新水平不高、行业效益持续改善的动力不足等诸多突出问题。同时，深入学习贯彻党的十九大精神，以习近平新时代中国特色社会主义思想为指导，按照中央经济工作会议和全国工业和信息化工作会议部署，在"巩固、增强、提升、畅通"八字方针上下功夫，着力深化存量调整，着力坚持做优增量，着力营造公平环境，不断提升原材料工业发展质量和效益，促进原材料工业向先进制造业迈进，为建设制造强国和网络强国提供坚强支撑保障。

（一）深化存量调整，大力提升供给效率。一是巩固去产能成果。严格执行产能置换政策，严禁新增钢铁、水泥、平板玻璃产能，严控电解铝产能。利用化解过剩产能的时机，破除无效供给，强化改造升级，优化产业结构，推动原材料工业质量变革、效率变革和动力变革，促进原材料工业向先进制造业迈进。二是强化市场竞争和倒逼机制，提高市场的资源配置效率和公平性，激发各类市场的主体活力，倒逼企业主动压减产能，实行兼并重组、转型转产、搬迁改造等，积极推进原材料工业布局调整。三是推动《原材料工业质量提升三年行动方案（2018—2020 年)》落地实施，通过完善标准供给体系、实施质量技术攻关、开展质量分级评价、推动"互联网+"质量，提升产业集群质量、优化质量发展环境，提升我国原材料产品质量，推动部分中高端产品进入全球供应链体系。

（二）推动智能化改造和绿色化改造，引导行业绿色发展。一是推进石化、钢铁、有色、建材、稀土等行业的智能工程、数字化车间、数字矿山建设。制定有色金属智能矿山、智能工厂建设指南。二是鼓励原材料企业加快工艺革新，实施系统节能改造，推广应用绿色工艺技术及装备，推动先进节能技术的集成优化运用，推广电炉钢等短流程工艺和铝液直供，推动原材料工业节能从局部、单体节能向全流程、系统节能转变，提高原材料工业能源利用效率，继续实施水泥窑协同处置推广工程，鼓励利用化工等产业固废生产建材，积极支持产业耦合发展。三是鼓励企业实施清洁生产和资源综合利用，推广应用绿色制造基础工艺，加强资源综合利用，实施用水企业水效领跑者引领行动，大力推进节水技术改造，提高水资源循环利用和工业废水处理回用率，大力推进工业固体废物综合利用和再生资源高效利用，推动循环发展。

（三）深化开放合作，树立国际竞争新优势。一是充分利用全面开放和"一带一路"倡议带来的机遇，深化国际产能合作，推动我国优势原材料企业与国际企业开展全方位合作，推动优势产能"走出去"，创建共同发展新局面。二是加强广泛沟通交流，通过高层外交、谈判和对话等方式增进贸易伙伴之间的理解，理性审慎对待贸易分歧，妥善解决贸易纠纷。三是鼓励原材料企业建立贸易风险预警机制，提高原材料企业的贸易风险管控能力，加强海外投资项目的风险监控，实施多元化经营，督促企业严格遵守国际贸易规则和法律法规，加强国际经贸法律学习。

（四）强化创新驱动发展，提升行业抗风险能力和发展质量。一是提高企业创新能力，推动企业进行技术、产品、商业模式和管理创新，鼓励材料企业联合高校、科研院所开展产学研用合作，聚焦制约行业发展共性问题，联合开展关键共性技术、前沿引领技术、颠覆性技术创新。二是调整产品结构，推广质量控制技术，推动智能制造、绿色制造等先进技术的研发和应用，加强生产工艺流程及质量管控，加大高端产品供给，加强自主品牌培育，增强企业核心竞争力。三是大力发展新材料产业，推进新材料增品种、上批次、成产业，借助新材料平台建设，推动新材料生产企业和下游应用企业联合开发新材料应用技术，加快新材料资源整合共享，加强新材料政务、行业知识服务、仪器设施等信息共享服务，推动新材料产业快速健康发展。

赛迪智库材料工业研究所从综合、行业、区域、园区、企业、政策、热点、展望八个角度，密切跟踪了 2018 年我国原材料工业的重点、难点和热点，并对

2019 年发展趋势进行了预测分析；在此基础上组织编撰了《2018—2019 年中国原材料工业发展蓝皮书》，全书遵循了赛迪智库原材料工业发展蓝皮书的一贯体例，共 8 篇 29 章内容。

综合篇。介绍 2018 年全球及中国原材料工业发展概况。

行业篇。在分别分析 2018 年石化、钢铁、有色、建材、稀土五大行业运行情况的基础上，结合国家战略和国内外宏观经济发展形势，对 2019 年各行业的走势进行了预测，并指出行业发展中需要关注的重点。

区域篇。着重介绍 2018 年东、中、西部三大区域的原材料工业发展状况，指出三大区域原材料工业发展的差异、特点及存在的问题。

园区篇。归纳了石化、钢铁、有色、建材、稀土行业的重点园区发展情况，分析了园区的基础设施建设情况、产业布局、园区内重点企业发展现状，指出园区发展存在的问题。

企业篇。从企业生产经营范围、企业规模、经济效益、创新能力四个方面对原材料行业代表性企业进行了分析。

政策篇。着重从宏观调控政策、需完善配套政策角度分析原材料工业的政策环境，并对与原材料工业发展密切相关的重点综合性政策、行业政策进行了不同维度的解析。

热点篇。归纳整理了 2018 年原材料行业发生的重大事件，如石化行业启动碳排放基准值制定、宝武合并、广西有色破产、中建材和中材重组、稀土产品追溯体系建立等热点事件，分析其对原材料工业的影响。

展望篇。分析了 2018 年原材料工业的运行环境，预测了 2019 年原材料工业的总体发展形势，并进一步对原材料工业的细分行业发展形势进行了展望。

原材料工业门类众多，问题复杂，加之时间有限，书中难免有不妥之处，敬请行业专家、主管部门及读者提出宝贵意见。

赛迪智库材料工业研究所

目　　录

| 综 合 篇 |

┃ 行 业 篇 ┃

| 区 域 篇 |

┃ 园 区 篇 ┃

| 企 业 篇 |

| 政 策 篇 |

｜展 望 篇｜

综合篇

第一章

2018 年全球原材料产业发展状况

第一节　石化行业

一、市场供给

2018 年，国际原油价格跌宕起伏，布伦特油价最高为 86.29 美元/桶，最低为 50.47 美元/桶，价差为 35.82 美元/桶，仅 2018 年 10 月 3 日至 11 月 23 日，石油价格下跌近三分之一，抹去了全年涨幅。2018 年世界原油加工量为 8220 万桶/天。2018 年 1 月，经济合作与发展组织国家的炼厂开工率为 88%；9 月维持了同一水平；10 月下降到 84%，其中，经济合作与发展组织国家北美地区的炼厂开工率为 81%，与 2017 年同期持平，美国为 86%，比 2017 年同期增加了一个百分点；欧洲地区的炼厂开工率为 86%，比 2017 年同期下降三个百分点；亚太地区为 87%，比 2017 年同期下降两个百分点。

2018 年，全球化学品产量增速平均为 2.8%，比 2017 年增加了一个百分点。根据美国化工理事会（ACC）统计，美国 2018 年化学品产量增速为 3.1%，其中特种化学品增速 3.7%，2018 年美国化学工业实现 380 亿美元的化学品顺差，出口额增长 10% 至 1430 亿美元，进口额增长 7.8% 至 1050 亿美元，美国与其他国家的化学品双向贸易额达到 2480 亿美元，较 2017 年增长 9.1%。根据欧洲化工理事会统计，2018 年 1~7 月，欧盟化工行业实现全面增长，与 2017 年同期相比，欧盟化学品产量增加了 0.6%，产品价格提高了 3%，销售额增长了 3.6%，出口增长了 3.2%，进口和消费分别提高了 5.0% 和 4.0%。德国化工行业协会预计 2018 年德国化学品产量增长 3.5%，化学品价格上涨 1.5%，化学品销售收入增长 4.5%达到 2040 亿欧元。

二、价格行情

2018 年，国际油价先稳中有增，后快速下降，大庆、布伦特原油价格分别由年初的 61.45 美元/桶、68.99 美元/桶最终下降到年底的 50.15 美元/桶、56.46 美元/桶（见图 1-1）。受原油价格下跌及供需关系影响，主要化工产品价格震荡下行。以苯乙烯为例，其 FOB 美国海湾现货中间价由年初的约 1200 美元/吨快速上涨到 2 月的超过 1600 美元/吨，随后下降并保持在年初价格水平，10 月价格快速下跌，一直下跌至年底的 800 美元/吨（见图 1-2）。

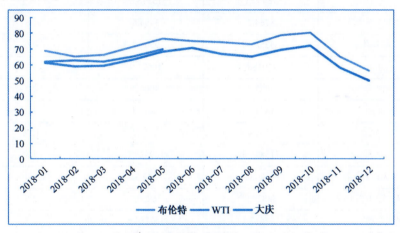

图 1-1　2018 年国际油价走势（单位：美元/桶）

（数据来源：Wind 数据库，2018 年 12 月）

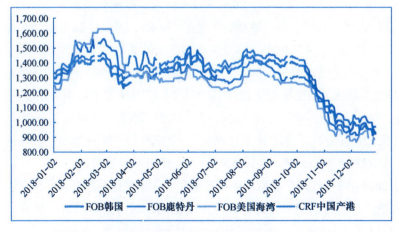

图 1-2　2018 年苯乙烯现货价格走势（单位：美元/吨）

（数据来源：Wind 数据库，2018 年 12 月）

第二节　钢铁行业

一、市场供给

世界钢铁协会统计全球 64 个主要钢铁国家的情况，数据显示 2018 年 1—11 月全球粗钢产量达 16.5 亿吨，比去年同期增长 4.7%，扣除中国大陆的数字后，全球粗钢产量约 7.9 亿吨，同比增长为 2.6%（见表 1-1）。

表 1-1　2018 年 1—11 月全球主要地区粗钢产量及同比增长值（万吨，%）

主要地区	2018 年 1—11 月	2017 年 1—11 月	同比
欧盟	15442.1	15516.6	-0.5
其他欧洲国家	3764.2	3704.6	1.6
独联体	9258.5	9205.8	0.6
北美	11018.6	10621.9	3.7
南美	4092.3	4008.3	2.1
非洲	1341.1	1237.8	8.3
中东	3287.4	2919.2	12.6
亚洲	115879.6	109525.1	5.8
大洋洲	583.3	545.3	7.0
全球（扣除中国大陆）	78929.9	76950.3	2.6
全球	164667.1	157284.6	4.7

数据来源：世界钢铁协会，2018 年 12 月。

从各地区的粗钢产量来看，2018 年 1—11 月，亚洲粗钢累计产量 115879.6 万吨，同比增长 5.8%，占全球粗钢产量的 70.4%；欧盟（28）粗钢累计产量 15442.1 万吨，同比减少 0.5%，占全球粗钢产量的 9.4%；北美地区粗钢累计产量 11018.6 万吨，同比增长 3.7%，占全球粗钢产量的 6.7%；南美地区粗钢累计产量 4092.3 万吨，同比增长 2.1%，占全球粗钢产量的 2.5%；非洲地区粗钢累计产量 1341.1 万吨，同比增长 8.3%，占全球粗钢产量的 0.8%；中东地区粗钢累计产量 3287.4 万吨，同比增长 12.6%，占全球粗钢产量的 2.0%；独联体粗钢累计产量 9258.5 万吨，同比增长 0.6%，占全球粗钢产量的 5.6%。

从 2018 年 1—11 月全球粗钢生产国家和地区产量排名来看，中国、印度、日本占据产量排行前三的位置，其中中国粗钢产量占全球粗钢产量的 52.1%（见表 1-2）。

表 1-2　2018 年 1—11 月全球粗钢主要生产国家和地区（单位：万吨，%）

排名	国家或地区	产量	全球占比
1	中国	85737.2	52.1
2	印度	9692.3	5.9
3	日本	9586.0	5.8
4	美国	7915.6	4.8
5	韩国	6629.0	4.0
6	俄罗斯	6581.2	4.0
7	德国	3896.9	2.4
8	土耳其	3443.0	2.1
9	巴西	3209.0	1.9
10	意大利	2281.2	1.4
11	伊朗	2259.0	1.4
12	中国台湾	2108.2	1.3
13	乌克兰	1921.4	1.2
14	墨西哥	1854.1	1.1
15	法国	1425.9	0.9
16	西班牙	1325.4	0.8
17	越南	1283.9	0.8
18	加拿大	1192.4	0.7
19	波兰	924.4	0.6
20	比利时	748.3	0.5

数据来源：世界钢铁协会，2018 年 12 月。

二、价格行情

2018 年全球钢材价格呈现在轻微震荡中缓缓上涨后，年末迅速回落的态势。从国际钢铁价格指数看，钢材综合指数 1 月初为 198.5，经历一月中旬的微跌，价格指数到达 196.6，为年内最低，之后价格指数保持平稳，在 3 月上旬和中旬出现小幅震荡，最高达到 205.8，较年初上涨 3.7%；随后价格一路缓缓上涨，到 9 月中旬国际钢材价格指数达到年内高点 216.3 点，较年初上涨 17.8，涨幅 9.0%；随后，价格在 10 月份小幅震荡，10 月中旬下跌到 211.7，随后到 10 月末上涨到 214.7；之后价格下跌，到 12 月下旬，价格指数为 199，与年初基本持平。扁平材也分别由年初低点缓缓上行，至 3 月出现小幅震荡，随后价格一路上涨，在 8 月上旬达到年内高点 201.2，随后价格平稳发展，到 10 月出现小幅震荡，10 月中旬价格指数为 194.9，较前高点下降 6.3；随后价格下跌，到 12 月下旬价格指数为 181.8。长材年初价格指数为 238.5，之后震荡前行，3 月下旬，价格指数下滑到 235.8，为年内低点；随后价格一路上行，到 10 月下旬到达年内高点 259.8，较年初上涨 21.3，涨幅 9.0%；随后价格下跌，12 月下旬价格指数回落到 242.4（见图 1-3）。

图 1-3　2018 年以来国际钢材价格指数运行态势图

（数据来源：Wind 资讯，2018 年 12 月）

分地区来看，2018 年亚洲、北美和欧洲的钢材价格运行态势不尽相同。亚洲市场呈高位运行态势。国际钢铁价格指数从 231.5 开始，随后回落到 224 左右，之后平稳发展，3 月初之后价格出现小幅上涨，价格指数为 232，随后下滑，到 3 月末回落到 216.6；随后钢材价格一路上行到 10 月末到达年内高点，价格指数为 243.6，较之前低点上涨 27，涨幅 12.5%；之后价格回落，到 12 月下旬钢材价格指数为 217.1，较年初回落 14.4。北美钢材价格呈现"两头低，中间高"的态势，年初价格指数为 187.7，随后钢材价格指数一路上涨，到 4 月中旬上涨到 235.1，之后平稳发展，到 7 月末价格指数到达年内高点为 241.3，8 月初小幅回落到 234.6，随即回涨至 240；随后价格平稳发展到 9 月末；之后北美钢材价格指数震荡下行，12 月下旬到达 216.8，较年内高点降低 24.5。欧洲钢材价格指数发展平稳，年初为 160，之后缓缓上涨到 3 月末达 168.8，随后缓缓回落，6 月下旬达到年内低点 157.4，较之前高点回落 11.4，随后上涨到 8 月上旬达年内高点 172.6，较年初上涨 12.6，涨幅 7.9%；之后震荡回落，12 月下旬到达 162.2，与年初基本持平（见图 1-4）。

图 1-4　2018 年北美、欧洲、亚洲钢材价格指数运行态势图

（数据来源：Wind 资讯，2018 年 12 月）

第三节　有色金属行业

一、市场供给

（一）全球铜供应开始过剩

世界金属统计局（WBMS）报告显示，2018 年 1—11 月，全球铜供应过剩 5.4 万吨，而 2017 年全年短缺 21.3 万吨。截至 2018 年 11 月底，显性库存下降，较上年年末减少 16.5 万吨，这些减少包括从 LME 仓储净交货 0.25 万吨。从供给角度看，2018 年 1—11 月，全球矿山铜产量 1894.0 万吨，较上年同期增加 2.6%；精炼铜产量 2151.0 万吨，较上年同期增加 1.0%，其中赞比亚增加 9.7 万吨，智利增加 4.5 万吨。从消费角度看，2018 年 1—11 月，全球铜消费量为 2145.0 万吨，较上年同期增加 19.0 万吨。中国的表观需求量为 1131.1 万吨，较上年同期增加 1.4%。欧盟 28 国的表观需求量为 310.8 万吨，较上年同期增加 0.2%，而产量降低 1.4%，2018 年 1—11 月全球精炼铜产量分布见图 1-5。

智利是全球第一大矿山铜生产国，2018 年 1—11 月，累计生产矿山铜 533.0 万吨，同比增长 6.1%（见表 1-3）。自 2015 年以来智利矿山铜产量连续下降的趋势得以扭转。

表 1-3 2018 年 1—11 月智利矿山铜产量（单位：万吨）

时间	1 月	2 月	3 月	4 月	5 月	6 月	7 月	8 月	9 月	10 月	11 月
产量	47.6	45.3	48.7	44.7	49.6	47.2	48.2	46.2	47.8	49.6	54.1

数据来源：智利统计局，2019 年 1 月。

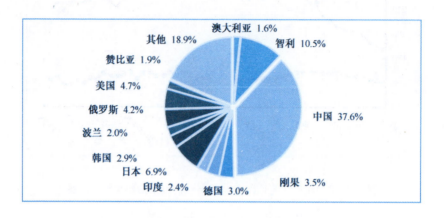

图 1-5 2018 年 1—11 月全球精炼铜产量

（数据来源：Wind 资讯，2019 年 1 月）

（二）全球原铝供应缺口减小

世界金属统计局（WBMS）数据显示，2018 年 1—11 月，全球原铝供应短缺 56.16 万吨，较上年同期减少 101.1 万吨。从供给角度看，全球原铝产量达到 5422.1 万吨，较上年同期增加 67.5 万吨，同比增长 1.3%。截至 2018 年 11 月底，显性库存较上年年末减少 10.2 万吨，降至 224.4 万吨；其中伦敦、上海、美国和东京交易所的库存为 178.6 万吨，较上年年末减少 15.7 万吨。从需求角度看，全球原铝需求量较上年同期没有明显变化。

国际铝业协会的统计显示，2018 年 1—12 月，全球共生产原铝 6434.1 万吨，较上年同期增加 1.5%。中国共生产原铝 3648.8 万吨，同比增加 13.1%，约占全球总产量的 56.7%，是最大的原铝生产国；海湾阿拉伯国家合作委员会共生产原铝 533.4 万吨，同比增加 4.0%，全球占比为 8.3%，是全球第二大铝生产地区；除中国外的亚洲地区是全球第三大原铝生产地区，产量为 441.5 万吨，同比增加 11.7%。此外，中东欧地区原铝产量达到 404.9 万吨，同比增长 1.3%，2018 年全球原铝产量分布图如图 1-6 所示。

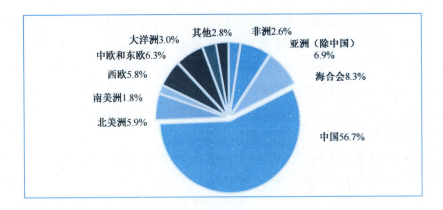

图 1-6 2018 年全球原铝产量

（数据来源：Wind 资讯，2019 年 1 月）

（三）全球铅供应缺口减小

世界金属统计局数据显示，2018 年 1—11 月，全球铅供应短缺 20.3 万吨，较上年同期减少 17.5 万吨。截至 2018 年 11 月末，显性库存较上年年末降低 6.7 万吨。从供给角度看，全球精炼铅（原铅及再生铅）产量为 1050.3 万吨，较上年同期增长 2.5%。中国铅表观需求量较上年同期增加 16.8 万吨，达到 454.1 万吨，超过全球总消费量的 42.0%；美国铅表观需求量较上年同期减少 2.3 万吨。

（四）全球锌供应出现过剩

世界金属统计局数据显示，2018 年 1—11 月，全球锌供应过剩 6.51 万吨，而 2017 同期全球锌供应短缺 52.4 万吨。截至 2018 年 11 月末，显性库存较上年年末降低 18.1 万吨。从供给角度看，全球精炼锌产量同比下降 2.6%。从需求角度看，全球精炼锌消费量达到 1212.2 万吨，同比降低 6.1%，其中中国精炼锌表观消费量为 557.6 万吨，占全球总消费量的比重 46%；日本精炼锌表观消费量为 48.4 万吨，占全球总消费量的比重 4%。

二、价格行情

铜：2018 年全球铜现货结算价格震荡下行,之后企稳。1 月初至 6 月上旬，LME 铜现货结算价格在 6500~7200 美元/吨之间震荡波动，6 月上旬后达到全年最高价 7262.5 美元/吨；随后快速下跌至 7 月中旬的 5982 美元/吨；至 9 月底铜价格在 5800~6250 美元/吨之间波动，全年最低价格为 5823.0 美元/吨；10 月至

11 月铜价格围绕 6200 美元/吨上下震荡，后小幅下跌至 12 月底的约 6000 美元/吨。全年平均价为 6523.0 美元/吨，同比增长 5.8%。

铝：2017 年全球铝价格震荡下行。1～2 月 LME 铝现货结算价格在 2200 美元/吨附近波动，4 月初铝价格跌至 1967.0 美元/吨，之后迅速涨至全年最高价 2602.5 美元/吨，至 12 月底铝价持续震荡下降至全年最低价 1869.5 美元/吨。全年平均价为 2110.1 美元/吨，同比增长 7.2%。

铅：2017 年全球铅现货结算价格震荡下行，之后企稳。LME 铅现货结算价格从 1 月初的 2544.0 美元/吨，上升到 2 月初的全年最高价 2683.0 美元/吨，之后震荡下降至 10 月底的全年最低价 1867.0 美元/吨，至 12 月底铅价格在 1900~2000 美元/吨之间小幅波动。全年平均价为 2242.4 美元/吨，同比降低 3.2%。

锌：2017 年全球锌现货结算价格震荡下行，之后企稳。LME 锌现货结算价格从 1 月初的 3377.0 美元/吨，上升到 2 月中旬的全年最高价 3618.0 美元/吨，至 9 月中旬锌价格持续波动下降至全年最低价 2287.0 美元/吨，之后上涨至 10 月初的 2700 美元/吨，至 12 月底，锌价格在 2500~2700 美元/吨之间波动。全年平均价为 2922.0 美元/吨，同比增长 0.9%。

2018 年 LME 典型有色金属品种现货结算价走势，如图 1-7 所示。

图 1-7　2018 年 LME 典型有色金属品种现货结算价走势

（数据来源：Wind 资讯，2019 年 1 月）

第四节　建材行业

一、市场供给

2018 年，随着全球经济的复苏，建材市场逐渐回暖，水泥、玻璃等大宗产品消费增长趋势较为明显。

从水泥行业看，非洲、南美洲等地区表现亮眼。2018 年上半年，非洲国家水泥出口利润同比增长 49%，水泥产能也在迅速扩张，其中肯尼亚水泥年产能从 230 万吨提高到 330 万吨，乌干达的水泥年产能从 360 万吨提升到 680 万吨，坦桑尼亚正在建设东非地区年产量最大（700 万吨）的水泥厂。南美洲受益于经济复苏，产出增长保持强势，预计将带动整个区域内的水泥行业统一增长，其中阿根廷、哥伦比亚、巴西等国的水泥行业均保持增长趋势。在全球大部分地区水泥产品保持增长的同时，部分区域水泥产业出现下滑，其中俄罗斯由于经济增长放缓，建筑工程量、住房建设量也连续下滑，水泥产量出现下滑，根据俄罗斯官方统计数据，2018 年前 8 个月水泥产量同期相比下跌 0.7%，各地区水泥市场的生产情况并不平衡，其中西北联邦区、远东联邦区生产态势较好，南部联邦区出现下降。

从平板玻璃行业看，全球建筑玻璃行业的竞争格局保持相对稳定，中国、欧洲、北美洲和日本依然是主要的生产制造地区，中国、欧洲和美国则是主要的消费市场。随着工艺技术的不断进步、对环保的要求不断提高，全球对节能玻璃、超薄玻璃、光伏玻璃、Low-E 玻璃等高附加值玻璃的需求不断提升，如 Low-E 玻璃在全球的消费量已经超过 50 亿美元，预计未来市场仍将持续增长；在市场的引导下，各玻璃企业也纷纷推出新产品，其中 AGC Interpane 推出了新一代组合型高性能玻璃产品，能够有效建设建筑物对空调的需求，节省空调成本，保护环境；OLEDWorks 公司推出全球第 1 个商用柔性玻璃 OLED 面板平台。

从建筑陶瓷行业看，我国作为全球最大的陶瓷生产国和出口国，国际环境仍不容乐观，反倾销调查愈演愈烈，如印度对原产于或进口自我国的陶瓷辊（Ceramic Roller）做出反倾销肯定性终裁，对涉案产品征收 0～782.25 美元/吨的反倾销税，有效期为 5 年；哥伦比亚公布对进口自中国的陶瓷餐具反倾销案将出复审终裁结果，对部分产品加征关税；韩国决定对我国瓷砖征收的反倾销税再延长 3 年。除我国陶瓷市场受阻外，东南亚地区受制于房地产市场放缓，以及能源、原材料、工资、物流和其他成本趋高，导致陶瓷生产成本上升，竞争力下滑，陶瓷市场也较为低迷。但印度受益于"城市住房计划"项目的实施，陶瓷消费量保持增长，预计 2018 年印度瓷砖消费量的增长将达到 8%。

二、价格行情

2018 年，全球建材行业随着经济复苏、消费需求提升等因素影响，产品价格走势差距较大，受益于需求增加，水泥产品价格总体保持震荡上涨的发展态势，而平板玻璃价格则表现出震荡下降的趋势。2018 年初 5mm 厚度平板玻璃期货价格为 1457 元/吨，随后全年呈现震荡下行的发展趋势，至 2018 年年底价格已经跌至 1283 元/吨，下跌幅度约为 12%左右（见图 1-8）。

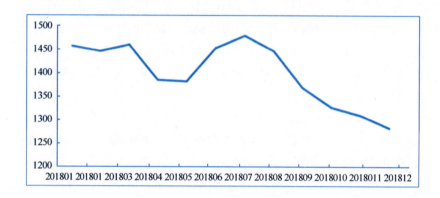

图 1-8　2018 年 5mm 玻璃期货价格走势（单位：元/吨）

（数据来源：Wind 数据库，2019 年 1 月）

第五节　稀土行业

一、市场供给

目前主要从事稀土生产的有中国、澳大利亚、巴西、印度、马来西亚、俄罗斯、泰国和越南，对我国稀土产量采用的是总量控制的计划指标。

2014 年以来，全球稀土矿产量持续增长，预计 2018 年全球稀土矿产量约 19 万吨。其中，中国稀土矿产量计划为 12 万吨；澳大利亚的矿产量 2 万多吨；缅甸稀土矿产量大约 2 万吨；美国 Mountainpass 矿从年初复产，产量约 2 万吨；今年新投产的彩虹公司位于布隆迪的稀土矿产量大约 1000 吨左右。其他国家产量近 1 万吨（见表 1-4）。

表 1-4   国外主要稀土项目

公司	产能/吨	国家	状态
美国芒廷帕斯稀土矿	400000	美国	委托经营
澳大利亚莱纳斯	22000	马来西亚	在产
俄罗斯稀土公司	2000	独联体	在产
Peak Resources	—	坦桑尼亚	拟建（英国）
澳大利亚黑斯廷斯公司	—	澳大利亚	拟建
巴西南美矿物公司	1000	巴西	在产
澳大利亚北方矿业	—	澳大利亚	拟建
Mineria Activa	—	智利	拟建（矿山）
印度稀土公司	4500	印度	在产
Dong Pao	7000	越南	在建
南非弗朗提亚公司	5000	南非	拟建
彩虹公司	5000	布隆迪	生产
拟建约 9 家	—	哈萨克斯坦、越南、加拿大、南非等	拟建
东南亚	金属冶炼	泰国	在产
	回收+金属	越南	在产
	分离	老挝	停产
	矿山	缅甸	在产

数据来源：陈占恒，国外稀土资源开发与稀土供求关系，赛迪智库整理，2018 年 12 月。

澳大利亚莱纳斯是中国以外最具现实生产力的稀土生产企业。随着市场好转，其产能进一步扩大，增加 3000 吨，总产能达到 2.5 万吨。其氧化镨钕供应能力将达到 600 吨/月，年产约 7200 吨。对应矿物需求量约 3.5 万吨。位于非洲坦桑尼亚的彩虹公司生产碳酸稀土，其目标客户为我国稀土冶炼分离企业。据了解，澳大利亚黑斯廷斯公司将于 2020 年投产，也定位中国市场生产碳酸稀土。2018 年第四季度莱纳斯稀土氧化物销量达到 5522 吨，营收 7990 万澳元。尽管稀土氧化物产量比上一季度下降了 798 吨，但仍实现了创纪录的销量。尽管 Lynas 在海外存在问题，但其国内业务在去年第四季度表现良好。在澳大利亚西部的 Mt Weld 项目中，该公司得以启动其计划中的采矿活动。

二、储量格局

缅甸、马来西亚、美国、印度和爱沙尼亚是我国进口稀土产品的主要来源国。如果把进口的稀土资源分为矿物来源和回收来源，则可以界定从马来西亚、美国、印度和爱沙尼亚进口的稀土产品为矿物来源，俄罗斯、哈萨克斯坦和朝鲜是潜在的稀土矿物产品来源国。其他国家则是稀土产品回收来源国。

日本将全面启动深海矿产资源开发。由日本工业技术研究院和海洋研究开发机构组成的研究小组将于 2 月份在政府的支持下，对南鸟岛附近海域稀土泥中稀土金属的含量进行调查。此外，还将对冲绳附近海域的热水沉积进行研究。要实现工业化，必须准确把握储量和质量。

朝鲜或已得到日本转让的稀土技术；英美资源旗下公司正在收购加拿大钻石勘探公司股权，并继续开发秘鲁铜矿；哥伦比亚矿业集团则是希冀于用新的税收法案吸引更多外国投资。

第二章

2018 年中国原材料产业
发展状况

2018 年，在全球经济稳健复苏和国内经济稳中有进的带动下，我国原材料工业总体保持平稳发展的态势。

第一节　基本情况

一、主要产品产量继续增加

2018 年，我国大部分原材料产品产量小幅增加，但增速略有不同。化工产品中，除硫酸产量增速略高于去年外，烧碱和乙烯产量增速均低于去年同期水平，烧碱产量增速低于去年同期 4.5 个百分点，乙烯产量增速低于去年同期 1.4 个百分点。生铁、粗钢、钢材产量全面增长，其中粗钢和钢材产量增速分别高于去年同期 0.9 和 7.7 个百分点。十种有色金属产量有所增加，增速高于去年同期 3 个百分点；水泥和平板玻璃产量均保持增长态势，其中水泥扭转了去年同期增速为负的局面，平板玻璃产量增速低于去年同期 1.4 个百分点（见表 2-1）。

表 2-1　2018 年我国主要原材料产品产量及增长率

主要产品	产量（万吨）	增长率（%）	2017 年同期增速（%）
硫酸	8636	1.8	1.7
烧碱	3420	0.9	5.4
乙烯	1841	1	2.4

续表

主要产品	产量 （万吨）	增长率 （%）	2017 年同期增速 （%）
生铁	77105	3	1.8
粗钢	92826	6.6	5.7
钢材	110552	8.5	0.8
十种有色金属	5688	6	3
水泥（亿吨）	217667	2	-0.2
平板玻璃（亿重量箱）	86864	2.1	3.5

数据来源：国家统计局，2019 年 1 月。

二、投资规模有所扩大

2018 年，除有色金属矿采选业外，其他行业固定资产投资规模有所扩大。化学原料和化学制品制造业投资规模同比增长 6%，扭转去年同期投资负增长的局面。钢铁行业投资规模扩大，黑色金属矿采选业投资同比增长 5.1%，黑色金属冶炼和压延加工业投资同比增长 13.8%，均扭转了去年同期负增长的局面。有色行业中，有色金属矿采选业投资同比减少 8%，有色金属冶炼和压延加工业投资同比增长 3.2%。建材行业中，非金属矿采选业和非金属矿物制品业投资均保持高速增长，增速远高于去年同期水平（见表 2-2）。

表 2-2　2018 年我国原材料工业固定资产投资及增长率

行业	同比增长 （%）	去年同期同比增长 （%）
化学原料和化学制品制造业	6	-4
黑色金属矿采选业	5.1	-22.8
黑色金属冶炼和压延加工业	13.8	-7.1
有色金属矿采选业	-8	-21.3
有色金属冶炼和压延加工业	3.2	-3
非金属矿采选业	26.7	-16.3
非金属矿物制品业	19.7	1.6

数据来源：国家统计局，2019 年 1 月。

三、进出口有所减少

2018 年，受全球范围内贸易摩擦增多影响，主要原材料产品出口受到影响。钢材出口 6934 万吨，同比减少 8.1%；未锻造的铜及铜材出口 79.2 万吨，同比减少 3%；未锻造的铝及铝材出口 580 万吨，同比增长 20.9%。受国内需求平稳增长刺激，主要原材料产品进口有所增加，未锻造的铜及铜材进口 530 万吨，同比增长 12.9%，扭转去年同期负增长的局面；未锻造的铝及铝材进口 59.6 万吨，同比增长 2.3%，而去年同期为减少 9.8%；钢材进口有所减少，进口量为 1317 万吨，同比下降 1%。

四、产品价格震荡调整

2018 年 1—12 月，主要原材料产品价格涨跌互现。12 月末，CSPI 钢材价格综合水平为 107.12，同比降幅为 12.05%，全年 CSPI 钢材价格平均水平为 114.75 点，同比升幅为 6.51%，其中 1—10 月钢材价格高于去年同期水平，11—12 月钢材价格水平大幅下降。有色金属产品价格总体下降，铜价格波动下跌，从 1 月的 54057 元/吨下跌到 12 月的 48954 元/吨，铝、铅、锌价格也总体呈现下跌态势（见表 2-3）。

表 2-3　2018 年 1—12 月我国部分原材料产品价格变化（单位：元/吨）

产品	钢铁协会 CSPI 钢材综合价格指数（1994 年 4 月=100）	铜	铝	铅	锌
1 月	114.74	54057	14615	19296	26053
2 月	115.23	52375	14091	19352	26462
3 月	108.67	51099	13824	18744	25235
4 月	112.84	51231	14507	18458	24376
5 月	114.29	51000	14544	19293	23915
6 月	115.8	52057	14407	20458	24071
7 月	116.68	49324	13976	19920	21849
8 月	121.99	49020	14482	18241	21496
9 月	121.64	49022	14537	18946	21977
10 月	121.72	50285	14195	18555	22993
11 月	106.39	49424	13782	18642	21757
12 月	107.12	48954	13583	18649	21767

数据来源：赛迪智库整理，2019 年 1 月。

五、行业经济效益持续改善

2018 年，我国原材料工业经济效益继续好转，大部分行业实现不同程度的盈利。化学原料和化学制品制造业实现利润 5146.2 亿元，增速低于去年同期 25 个百分点；钢铁行业经济效益持续改善，利润同比增长 39.3%，低于去年同期的 85.8% 水平；有色金属行业利润同比减少 29%，而去年同期为增长 5%；非金属矿采选业利润增长 14.9%，高于去年同期 12.2 个百分点；非金属矿物制品业利润同比增长 43%，高于去年同期 22.5 个百分点（见表 2-4）。

表 2-4　2018 年我国原材料行业利润及增长率

行业	绝对量（亿元）	同比增长（%）	去年同期增速（%）
化学原料和化学制品制造业	5146.2	15.9	40.9
黑色金属矿采选业	72.6	−34.4	43.8
黑色金属冶炼和压延加工业	4029.3	37.8	177.8
有色金属矿采选业	419.8	0.2	23.5
有色金属冶炼和压延加工业	1397.1	−9	28.6
非金属矿采选业	268.9	14.9	2.7
非金属矿物制品业	4287.8	43	20.5

数据来源：国家统计局，2019 年 2 月。

第二节　工作进展

一、"去产能"工作深入推进

2018 年，按照党中央国务院的决策部署，原材料工业供给侧结构性改革不断深化，市场秩序逐步改善，行业经济效益逐渐好转。

钢铁行业。2018 年我国粗钢产量 9.28 亿吨，同比增长 6.6%，产量再创新高；粗钢表观消费量 8.7 亿吨，同比增长 14.8%，达到历史最高水平，其中国产自给率超过 98%[1]；行业经济效益创历史最好水平，实现利润 4704 亿元，同比增长 39.3%，其中重点大中型钢铁企业实现利润 2863 亿元，同比增长 41.1%，利润率达到 6.93%[2]。钢铁行业取得如此好的成绩，主要得益于以下两方面的工

---

[1] 工信部网站，http://www.miit.gov.cn/n1146285/n1146352/n3054355/n3057569/ n3057572/c6646409/content.html。

[2] 工信部网站，http://www.miit.gov.cn/n1146285/n1146352/n3054355/n3057569/n3057572/ c6646409/content.html。

作。一方面，化解过剩产能工作持续深入推进，超额完成年初《政府工作报告》确定的3000 万吨年度目标任务，并提前两年完成钢铁去产能的全面工作，化解1.5 亿吨上限目标，并通过探索利用卫星遥感技术、卫星红外监测技术及电量异常排查等手段，严厉查处了违法违规新增产能行为；另一方面，保持对"地条钢"零容忍高压态势，严防"地条钢"死灰复燃。

有色行业。1 月，工信部出台《关于电解铝企业通过兼并重组等方式实施产能置换有关事项的通知》，引导电解铝行业优化存量资源配置，实现供需动态平衡；12 月，发改委和工信部发布《关于促进氧化铝产业有序发展的通知》，引导氧化铝产能合理配置，促进行业健康发展。

建材行业。深入贯彻落实《国务院关于化解产能严重过剩矛盾的指导意见》（国发〔2013〕41 号）、《国务院关于发布政府核准的投资项目目录（2016 年本）的通知》（国发〔2016〕72 号）和《国务院办公厅关于促进建材工业稳增长调结构增效益的指导意见》（国办发〔2016〕34 号）要求，工信部经商发展改革委、国资委后，对《水泥玻璃行业产能置换实施办法》进行了修订，有效压减水泥熟料、平板玻璃等过剩产能。

二、技术创新步伐加快

2018 年，原材料工业技术创新步伐加快，涌现了一批对行业发展有重大影响的科技成果。

石化行业。由沈鼓集团、杭汽集团研制，神华宁煤集团应用的国产首台套10 万立方米等级空分装置用空气压缩机组通过了鉴定，打破了国外技术垄断，填补了国内空白；我国单套最大高效合成气制乙二醇装置成功投产，标志我国合成气制乙二醇行业进入"大装置"时代；中国石化工程建设有限公司等十家单位共同完成的绿色高效百万吨级乙烯成套技术开发及工业应用项目，引领了乙烯技术持续创新，推动了乙烯及下游相关产业的快速发展。

钢铁行业。首钢成功研发两款新能源汽车用无取向电工钢——35SWYS900和 35SW1700-H；华菱涟钢联合东北大学、钢铁研究总院等单位共同攻克了起重泵送装备用系列高强度结构钢板关键技术，在薄规格板形质量控制技术方面达到了国际领先水平，马钢成功研发出新一代抗拉强度1200 兆帕薄规格热轧超高强钢；鞍钢集团、攀钢牵头完成的旋转喷镁铁水脱硫工艺技术与关键装备开发及应用项目，成功破解了喷吹脱硫铁损大、脱硫剂利用率低的世界性难题；世界首条亚熔盐清洁提钒生产线在河钢承钢全线贯通；太钢研制并生产出厚度为 0.02 毫米、宽度为 600 毫米的不锈钢精密箔材，是全球唯一一家可以批量生产宽幅软态不锈钢精密箔材产品的企业；全球首卷 2000 兆帕级热成型汽车钢在河钢唐钢薄板坯短流程下线①。

有色行业。由上海交通大学、江苏中天科技股份有限公司联合完成的"高性能铝合金架空导线材料与应用项目"获国家技术发明奖二等奖；"800MPa强度级超高强铝合金材料中天科技股份有限公司联合完成的"高性能铝合金架空导线材铝获得中国商飞颁发的 7050 厚板工程批准证书，标志着中铝西南铝7050 铝合金预拉伸厚板正式通过我国民用航空适航鉴定，进入 C919 合格产品目录；南山铝业与法国赛峰起落架系统有限公司签署起落架锻件供货合同，说明南山铝业航空材料的覆盖范围扩展到了飞机结构件。

建材行业。中国科学技术大学化学与材料科学学院俞书宏教授课题组研发了一种酚醛树脂与 SiO_2 共聚和纳米尺度相分离的合成新策略，成功研制了具有双网络结构的 PFR/SiO_2 复合气凝胶材料②，隔热效果好，优于传统的发泡聚苯乙烯等材料。

三、并购重组取得积极进展

2018 年是原材料企业并购重组比较活跃的一年。

化工领域。在中德两国总理的见证下，巴斯夫欧洲公司与广东省在德国柏林签署非约束性合作谅解备忘录，巴斯夫将在广东省建立其全球第三大一体化化学品生产基地，投资额预计达到 100 亿美元；埃克森美孚与广东省签署协议，投资 100 亿美元在惠州大亚湾兴建化工综合体项目；沙特基础工业公司宣布将在福建兴建石油化工厂。

钢铁领域。中国宝武、中国东方资产管理股份有限公司、鞍钢和马钢投资有限公司共同发起设立了冶金行业首家资产管理公司——华宝冶金资产管理有限公司；鞍钢与中国国际金融股份有限公司、哈尔滨工业大学、中国电建分别签署战略合作框架协议；鞍钢拟以约 59 亿元的交易价格收购朝阳钢铁 100%股权；民营钢铁企业亦在积极推动兼并重组，如河北德龙钢铁已达成重组天津原渤海钢铁集团部分企业意向，将形成近 3000 万吨钢生产能力，河北裕华兼并重组文丰、港陆等企业，将形成 1500 万吨钢生产能力。

有色领域。海亮股份有限公司设立全资子公司重庆海亮铜业有限公司，并收购成都贝德铜业有限公司 100%股权；光大集团与中国铝业签署战略合作协

---

① http://m.sohu.com/a/289174050_611198。

② 新材料在线，http://www.xincailiao.com/news/news_detail.aspx?id=377762。

议，在金融服务、环保产业、国际业务等多个领域开展全方位战略合作；江西铜业、铜陵有色、金川集团、紫金矿业 4 家国内铜企共同组建了有色金属行业采购联盟。

建材领域。吉林水泥集团有限公司正式投入运营，标志行业内第十六家水泥区域联合公司成立；洛科威集团收购扬州科沃节能新材料有限公司；欧文斯科宁收购中国广德施可达岩棉制造有限公司；Gamma Meccanica 与沧州凯华就岩棉用电炉等项目达成合作。

行 业 篇

第三章

石化化工行业

第一节 基本判断

一、产品产量保持增长

2018 年，我国汽油产量 13887.7 万吨，同比增长 8.1%（见表 3-1）；1—11 月，原油进口量 41811 万吨，同比增长 8.4%，原油加工量 554483 万吨，同比增长 7.2%。1—10 月表观消费量 53203.4 万吨，同比增加 5.3%。

表 3-1 2018 年成品油生产情况（单位：万吨，%）

产品	生产情况	
	产量	同比
汽油	13887.7	8.1
煤油	4770.3	12.7
柴油	17376.0	−1.9

数据来源：Wind 数据库，2018 年 12 月。

烯烃方面，2018 年乙烯产量 1841 万吨，同比增长 1%；1—9 月乙烯表观消费量 1562 万吨，同比增长 3%。芳烃方面，1—10 月苯产量 695.9 万吨，同比增长 6.6%；1—11 月苯表观消费量 987.1 万吨，同比减少 2.2%（见表 3-2）。

表 3-2　2018 年烯烃和芳烃产销情况（单位：万吨，%）

产品	生产情况		消费情况	
	产量	同比	消费量	同比
乙烯	1841	1	1914（1—11 月）	3.2
丙烯	491.8（1—2 月）	25	—	—
苯	695.9（1—10 月）	6.6	987.1（1—11 月）	-2.2

数据来源：Wind 数据库，2019 年 1 月。

传统化工产品方面，1—11 月，硫酸、烧碱产量分别为 7760.6 万吨和 3111.4 万吨，分别同比增长 0.9%和 1.6%；1—9 月硫酸、烧碱表观消费量 6215 万吨和 2388 万吨，分别同比减少 10%和 3%。1—8 月甲醇产量为 3088 万吨，同比增长 2%；1—9 月表观消费量达 4024 万吨，同比减少 4%。受产能过剩等因素影响，1—8 月，氮肥、磷肥产量分别为 2397 万吨和 899 万吨，同比减少 8.2%和 5.1%（见表 3-3）。

表 3-3　2018 年传统化工产品产销情况（单位：万吨，%）

产品	生产情况		消费情况	
	产量	同比	消费量	同比
甲醇	3088（1—8 月）	2	4024（1—9 月）	-4
氮肥（折纯）	2397（1—8 月）	-8.2	—	—
磷肥（折纯）	899（1—8 月）	-5.1	—	—
农药（原药）	213.5（1—11 月）	3.2	—	—
硫酸	7760.6（1—11 月）	0.9	6215（1—9 月）	-10
烧碱	3111.4（1—11 月）	1.6	2388（1—9 月）	-3
聚氯乙烯	1240（1—8 月）	0.9	1396.6（1—9 月）	1.1
纯碱	2350.4（1—11 月）	-0.2	1816.8（1—9 月）	-4
涂料	986.8（1—7 月）	2.3		

数据来源：Wind 数据库，2018 年 12 月。

二、行业投资继续收窄

2018 年，石化行业投资降幅继续收窄，整体投资呈现企稳回升态势。1—10 月，化学原料和化学制品制造业固定资产投资在 9、10 月份实现连续两个月增长，1—10 月同比增长 2.8%，相较于 1—9 月加快 1.1 个百分点，回升趋势有所加强。1—11 月，化学原料及化学制品制造业固定资产投资完成额同比增长

5.8%；石油化工、炼焦及核燃料加工业固定资产投资完成额同比增长 5.9%；橡胶和塑料制品业固定资产投资完成额同比增长 6.1%。增速较 2017 年都有较大幅度增长（见表 3-4）。

表 3-4　2018 年行业固定资产投资完成额及累计同比情况（单位：亿元，%）

行业	2018 年		2017 年	
	投资完成额	累计同比	投资完成额	累计同比
石油加工、炼焦及核燃料加工业	—	5.9（1—11 月）	2676.8	−0.1
化学原料及化学制品制造业	—	5.8（1—11 月）	13903.2	−4.0
橡胶和塑料制品业	—	6.1（1—11 月）	6979.4	1.2

数据来源：Wind 数据库，2018 年 12 月。

三、产品价格较为平稳

2018 年 1—5 月，化工行业主要产品价格较为平稳，略有波动。主要烯烃、芳烃产品方面，HDPE 价格由 1 月的 10840 元/吨上涨到 5 月的 11054 元/吨，LDPE、丙烯和苯的价格由 1 月的 10300 元/吨、8380 元/吨、7190 元/吨下降到 5 月的 10056 元/吨、8370 元/吨、6260 元/吨，其中苯价格降幅较大，LDPE、丙烯价格变化微小（见图 3-1）。主要有机原材料产品方面，甲醇、乙二醇价格由 1 月的 3160 元/吨、8020 元/吨下降到 5 月的 2950 元/吨、7110 元/吨，对二甲苯、精对苯二甲酸价格由 1 月的 7300 元/吨、5790 元/吨上涨到 5 月的 7500 元/吨、5860 元/吨，其中乙二醇价格降幅较大，其他产品价格浮动较小（见图 3-2）。两种型号聚氯乙烯价格经历下跌后上涨到 1 月水平（见图 3-3）。主要的传统化工产品价格方面，烧碱价格经历大幅上涨过程后，在 5 月下降到 1 月原有水平，在环保高压、需求走弱等各种利空因素冲击下,硫酸市场走势低迷，价格持续下跌，纯碱和尿素价格保持平稳（见图 3-4）。

四、经济效益保持良好态势

石油和化工行业 1—10 月利润实现大幅增长，利润总额为 7941.3 亿元，同比增长 41.8%，在同期全国规模工业利润总额中占 14.4%；主营收入利润率为 7.40%，同比上升 1.4 个百分点。1—9 月，行业资产总计为 12.75 万亿元，增长 6.1%；资产负债率为 54.19%，同比下降 1.16 个百分点；行业亏损面为 18.4%，保持基本稳定。从分析来看，行业主要表现出三个特点：化学工业效益保持良好势头、炼油业效益持续改善、石油和天然气开采业效益强劲回升。

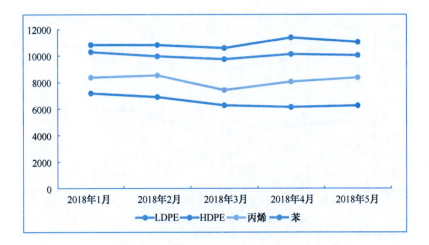

图 3-1　2018 年 1—5 月主要烯烃芳烃产品价格（单位：元/吨）

（数据来源：赛迪智库整理，2018 年 12 月）

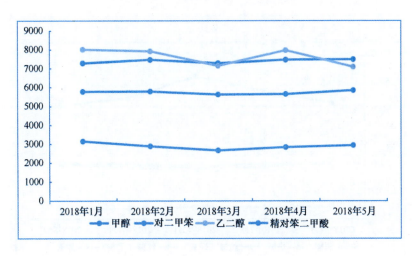

图 3-2　2018 年 1—5 月主要有机原料产品价格（单位：元/吨）

（数据来源：赛迪智库，2018 年 12 月）

五、进出口贸易保持增长

出口增长持续加快。1—9 月，石油加工、炼焦及核燃料加工业出口交货值 1197.1 亿元，同比增长 71.8%，与上年同期相比增速加快 22 个百分点。橡胶和塑料制品业出口交货值 3389.2 亿元，同比增长 6.6%。化学原料及化学制品制造业出口交货值 4025.8 亿元，同比增长 15.2%（见表 3-5）。

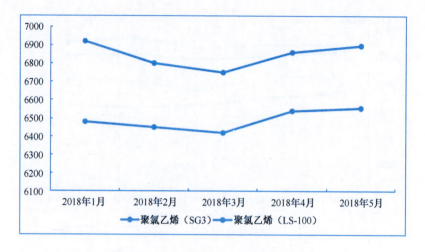

图 3-3　2018 年 1—5 月聚氯乙烯产品价格（单位：元/吨）

（数据来源：赛迪智库整理，2018 年 12 月）

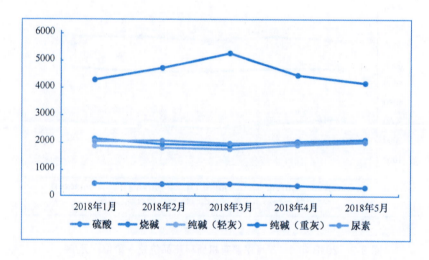

图 3-4　2018 年 1—5 月硫酸、烧碱等产品价格（单位：元/吨）

（数据来源：赛迪智库整理，2018 年 12 月）

化学工业中，基础化学原料、合成材料制造和专用化学品等增长较快。1—9 月上述大三领域出口交货值分别增长 15.0%、22.8%和 26.2%。橡胶制品、化肥等传统主要出口产品增速减缓或下降。前三季度，橡胶制品出口交货值增速只有 5.8%，化肥出口交货值增速降幅达 21.2%。

表 3-5　2018 年 1—9 月石化化工行业出口交货值（单位：亿元，%）

行业	2018 年		2017 年	
	累计值	累计同比	累计值	累计同比
石油加工、炼焦及核燃料加工业	1197.1	71.8	692	49.8
化学原料及化学制品制造业	4025.8	15.2	4275	14.8
橡胶和塑料制品业	3389.2	6.6	3585	8.8

数据来源：Wind 数据库，2018 年 12 月。

2018 年，我国原油进口进一步增加，1—9 月进口量达 4.2 亿吨，同比增长 8.4%；原油进口金额 2188.5 亿美元，同比增长 47.3%；原油对外依存度达到 70.63%。从具体产品来看，乙烯进口量同比增加 16%，丙烯和苯进口量同比减少 5.7% 和 10.6%，纯碱进口量同比增加 65%，进口量达 18.6 万吨。乙烯、乙二醇出口量大幅下降，降幅分别高达 97% 和 82%，甲醇出口量大幅上升，涨幅为 112%（见表 3-6）。

表 3-6　2018 年 1—9 月石化化工行业主要产品进出口数量（单位：万吨，%）

产品	进口		出口	
	累计	同比	累计	同比
乙烯	184.7	16	0.02	-97
丙烯	208.6	-5.7	0.2	-6.8
苯	172.6	-10.6	2.9	25
甲醇（1—11 月）	671.1（11 月）	-12	26.7	112
乙二醇（1—11 月）	906（1—11 月）	14.2（1—11 月）	0.3	-82
农药（原药）（1—11 月）	7.3	-4.8	137	-7.4
烧碱	0.7	-6.7	121.34	3.7
聚氯乙烯	68.2	-10.2	71（1—11 月）	-30.3（1—11 月）
纯碱	18.6	65	126（1—11 月）	-6.5（1—11 月）
合成橡胶	403（1—11 月）	4.1（1—11 月）	4.3（1—2）	51（1—2）

数据来源：Wind 数据库，2018 年 12 月。

第二节　需要关注的几个问题

一、企业数量大幅减少

截至 2018 年 6 月底，全行业规模以上企业 27641 家，比 2017 年年底减少

1692 家，其中油气、炼油、化工板块分别减少 4 家、123 家和 1565 家。

二、盈亏分化趋势加强

尽管规模以上企业效益更加突出，但企业亏损状况也不容忽视，受全行业进一步强化管理、降本增效影响，企业盈亏分化态势明显。上半年全行业 18.7%的规模以上企业亏损，油气板块亏损企业亏损额为 146.3 亿元，有 38.1%企业亏损；炼油板块亏损企业亏损额为 46.3 亿元，有 23.5%企业亏损；化工板块亏损企业亏损额为 330.5 亿元，亏损面为 17.8%。

三、产能过剩问题仍待解决

近年来，化解过剩产能工作取得了明显成效，但高端石化产品短缺、大宗石化产品过剩矛盾仍十分突出。炼油装置的产能利用率已从 2015 年的 65.5%提升到 2017 年的 71%，但与世界平均水平仍有很多差距；煤化工产品产能利用率都很低，仅有煤制烯烃产能利用率达到 87.4%，煤制气和煤制乙二醇产能利用率分别为 64.1%和 59.1%，煤制油产能利用率只有 40%；聚氯乙烯、醋酸、甲醇产能利用率分别为 73.7%、74.4%、73.6%，聚甲醛的只有 53.2%；尿素产能已连续 3 年下降，但 2017 年产能利用率也仅为 72.4%。

化解产能过剩还未有效解决，新增产能问题开始冒头。受 2017 年以来产品价格高位运行影响，一些企业，甚至是产能严重过剩领域开始新建和扩建新产能，据统计，目前硫酸、双氧水、纯碱、烧碱、电石正在改扩建的产能分别达到 1200 万吨/年、100 万吨/年、260 万吨/年、44 万吨/年和 300 万吨/年，淘汰落后产能，尤其是管控新增产能还需持续发力。

四、贸易逆差居高不下

我国石化化工行业产能过剩状况尚未根本改变，"高端产品缺乏，低端产品过剩"的结构性矛盾越发突出。据统计，2017 年石化化工全行业贸易逆差高达 1974 亿美元，同比大增 45.1%，进口有机化学品再创历史新高，数量达到 6223 万吨，逆差达到 146.8 亿美元，同比增长 38.6%。基础化学品、成品油过剩，专用化学品、化工新材料缺乏状况未得到明显改善，工程塑料、高性能纤维、高端膜材料、电子化学品、合成树脂对外依存度居高不下。

第四章

钢铁行业

第一节　基本判断

一、产需双双小幅增长

（一）粗钢产量继续保持增长

2018 年 1—11 月，中国生铁产量为 7.1 亿吨，同比增长 2.4%；粗钢产量为 8.6 亿吨，同比增长 6.7%，钢材产量为 10.1 亿吨，同比增长 8.3%（见表 4-1）。

表 4-1　2018 年 1—11 月全国冶金企业主要产品产量（单位：万吨，%）

产品	产量	同比
生铁	70784.9	2.4
粗钢	85737.2	6.7
钢材	101291.9	8.3
铁矿石原矿量	69496.1	−3.3
铁合金	2814.4	2.0

数据来源：wind 数据库，2018 年 12 月。

从钢材细分品种产量看，2018 年 1—9 月，中小型型钢、冷轧薄板、冷轧薄宽钢带、热轧窄钢带、冷轧窄钢带、镀层板（带）、涂层板（带）、无缝钢管和焊接钢管（1—11 月）的累计产量同比下降，其他钢材累计产量呈现不同幅度的增长，其中热轧薄宽钢带增幅最大，达到 20.1%（见表 4-2）。

表 4-2 2018 年 1—9 月中国钢材分品种产量（单位：万吨，%）

	2018 年	2017 年	同比
钢材总	101291.9(11 月)	97298.2(11 月)	4.1
铁道用钢材	367.9	358.5	2.6
大型型钢	1183.5	1088.1	8.8
中小型型钢	3472.6	3701.7	−6.2
棒材	5377.8	4954.5	8.5
钢筋	19087.2(11 月)	18599.2(11 月)	2.6
盘条(线材)	13271.6(11 月)	12171.1(11 月)	9.0
特厚板	629.2	567.68	10.8
厚钢板	2236.5	1962.8	13.9
中板	2861.8	2691.5	6.3
热轧薄板	770.9	737.6	4.5
冷轧薄板	2735(11 月)	2985.9(11 月)	−8.4
中厚宽钢带	14145.8(11 月)	12720(11 月)	11.2
热轧薄宽钢带	5125.3	4266.8	20.1
冷轧薄宽钢带	3951.9	4066.6	−2.8
热轧窄钢带	3403.5	3701.9	−8.1
冷轧窄钢带	541.0	699.0	−22.6
镀层板(带)	3727.3	4263.1	−12.6
涂层板(带)	545.0	617.4	−11.7
电工钢板(带)	753.9	751.8	0.3
无缝钢管	1894.0	2023.5	−6.4
焊接钢管	4457.8(11 月)	5249.5(11 月)	−15.1

数据来源：wind 数据库，2018 年 12 月。

从各地区钢铁生产情况来看，2018 年 1—11 月东部的生铁、粗钢和钢材产量分别为 44090.7 万吨、53627.7 万吨、66446.9 万吨，分别占全国生铁、粗钢和钢材总产量的 62.3%、62.5%、65.6%，同比分别增长 6.4%、10.8%、3.4%。中部的生铁、粗钢和钢材产量分别为 16719.8 万吨、19652.6 万吨、20435.5 万吨，分别占全国生铁、粗钢和钢材总产量的 23.6%、22.9%、20.2%，同比分别增长 9.4%、13.1%、3.1%。西部的生铁、粗钢和钢材产量分别为 9974.4 万吨、12456.8 万吨、14409.5 万吨，分别占全国生铁、粗钢和钢材总产量的 14.1%、14.5%、14.2%，同比分别增长为 12.4%、18.8%、8.9%（见表 4-3）。

表4-3 2018年1—11月我国东部、中部、西部钢铁产品产量（单位：万吨，%）

区域	生铁			粗钢			钢材		
	产量	同比增长	占全国比重	产量	同比增长	占全国比重	产量	同比增长	占全国比重
东部	44090.7	6.4	62.3	53627.7	10.8	62.5	66446.9	3.4	65.6
中部	16719.8	9.4	23.6	19652.6	13.1	22.9	20435.5	3.1	20.2
西部	9974.4	12.4	14.1	12456.8	18.8	14.5	14409.5	8.9	14.2
合计	70785.0	7.9	100.0	85737.2	12.4	100.0	101291.9	4.1	100.0

数据来源：国家统计局，2018年12月。

（二）下游需求增长

钢铁行业下游的需求主要包括房地产、基建、机械、汽车行业、家电、管道、造船等，总体上，2018年1—11月我国钢铁行业下游需求保持增长。2018年1—11月，我国房屋新开工的面积累计同比增加16.8%，房地产行业景气带动建筑用钢显著提升；受去杠杆等因素的影响，2018年我国基建投资明显放缓，2018年1—10月我国基建投资累计同比增速为3.7%；机械行业受建筑行业需求及设备更新换代等影响，挖掘机等工程机械产量大幅增长，累计同比增速保持在高位，如2018年10月挖掘机产量累计同比增速超过40%；家电行业增长放缓，2018年11月我国空调产量累计增长10.3%，电冰箱产量累计增长2.9%。

2018年1—11月钢铁下游行业产品累计产量情况见表4-4。

表4-4 2018年1—11月钢铁下游行业产品累计产量情况

指标名称	单位	产量	同比（%）	上年同比（%）
金属切削机床	万台	44.8	0.2	7.3
工业机器人	台/套	131495.0	6.6	68.8
交流电动机	万千瓦	24260.9	7.5	9.7
电动手提式工具	万台	23386.1	5.2	12.2
工业锅炉	蒸发量吨	260021.8	−9.0	−1.1
发电设备	万千瓦	9805.5	−6.8	−3.3
大气污染防治设备	台(套)	238516	2.4	5.9
包装专用设备	台	90727	−0.3	0.7
饲料加工机械	台	221262	3.1	6.5
水泥专用设备	吨	516104.7	9.5	12.8

续表

指标名称	单位	产量	同比（%）	上年同比（%）
金属冶炼设备	吨	565737.7	30.0	0
大型拖拉机	台	35199	-27.3	-23.0
中型拖拉机	台	177630	-9.0	-9.6
小型拖拉机	万台	33.4	-32.7	-10.9
铁路机车	辆	1174	-4.5	24.6
发动机	万千瓦	247344.8	-7.3	18.0
民用钢质船舶	万载重吨	2981.2	9.5	12.1
汽车	万辆	2582.0	-2.3	4.1
空调	万台	18703.1	10.3	19.9
家用电冰箱	万台	7419.0	2.9	12.6
家用洗衣机	万台	6446.2	-0.3	3.1
冷柜	万台	1513.2	1.1	9.4

数据来源：国家统计局，2018 年 12 月。

二、行业投资大幅增长

2018 年 1—1 月，我国黑色金属矿采选业与黑色金属冶炼及压延加工业固定资产投资额累计同比增长达 12.9%，行业投资增长同比由负转正。其中，黑色金属矿采选业投资额同比增长 12.5%；黑色金属冶炼和压延加工业投资额同比增长 13.0%（见表 4-5）。

表 4-5　2018 年 1—11 月我国钢铁行业固定资产投资额累计同比增长情况

项目	2018 年 1—11 月投资额累计同比（%）	2017 年 1—11 月投资额累计同比（%）
黑色金属矿采选业	12.5	-23.0
黑色金属冶炼和压延加工业	13.0	-9.0
合计	12.9	-11.7

数据来源：wind 数据库，2018 年 12 月。

三、产品价格震荡运行

2018 年 1 月初，国内钢材价格回落，到 1 月下旬止跌回升，3 月初由升转降，4 月之后价格一路震荡上行，到 8 月下旬到达年内高点，之后再高位震荡运行，11 月初价格开始回落，到 11 月末价格止跌转稳。以中钢协综合钢材价格指数为例，1 月 5 日价格指数为 120.47，之后价格回落，到 1 月 19 日价格指数为 113.65，较之前回落 6.82；之后价格小幅上涨，到 3 月 2 日价格指数为 117.66，随后回落到 3 月 30 日 108.67，较年初下跌 11.6；此后价格震荡上升，到 8 月 24 日价格指数达到年内高点 122.98，较之前低点上涨 14.31，涨幅 13.2%；此后价格高位震荡运行，到 11 月 2 日价格开始急速下跌，11 月 30 日价格指数达到 106.39，为年内低点，此后价格小幅波动运行，到 12 月 21 日价格指数为 107.59（见图 4-1）。

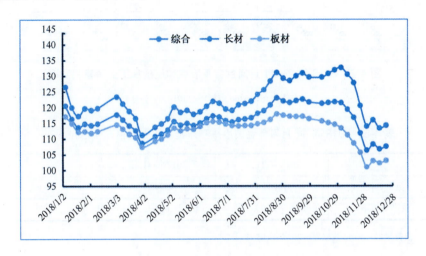

图 4-1　2018 年中国钢材市场价格指数走势

（数据来源：wind 数据库，2018 年 12 月）

四、行业效益持续向好

2018 年钢铁行业运行态势良好，经济效益持续向好。根据中国钢铁工业协会统计，2018 年 1—11 月，会员钢铁企业销售累计收入 37600 亿元，同比增长 14.17%；利润总额 2802 亿元，同比增长 63.54%；销售利润率达到 7.45%，经济效益明显好转。2018 年 2—11 月黑色金属冶炼和压延加工业销售利润率情况见图 4-2。

从偿债能力来看，截至 2018 年 11 月，中钢工业协会会员企业资产负债率为 65.74%，同比下降 3.39 个百分比；黑色金属冶炼和压延加工业负债合计 38766.4 亿元，同比下降 3.6%，资产负债率为 63.5%，比去年同期下降 1.53 个百分点（见表 4-6）。

图 4-2　2018 年 2—11 月黑色金属冶炼和压延加工业销售利润率

（数据来源：wind 数据库，2018 年 12 月）

表 4-6　2018 年 11 月黑色金属冶炼和压延加工业负债率（亿元，%）

	2018 年 11 月	2017 年 11 月	同比
负债合计	38766.4	42242.2	-3.6
资产负债率	63.50	65.03	-1.53

数据来源：wind 数据库，2018 年 12 月。

五、进口表现平稳，出口持续下降

（一）钢材净出口大幅下降

2018 年 1—11 月，中国出口钢材 6382 万吨，同比下降 8.6%；出口粗钢 6785.89 万吨，同比下降 8.4%；1—11 月进口钢材 1216 万吨，同比增长 0.5%；进口粗钢 1388.62 万吨，同比增长 4.3%；2018 年前 11 个月，中国净出口钢材 5166 万吨，同比减少 10.5%；净出口粗钢 5397.27 万吨，同比减少 11.2%（见表 4-7）。

表 4-7　2018 年 1—11 月中国钢材进出口情况（单位：万吨，%）

项目		2018 年	2017 年	同比
进口	粗钢	1388.62	1331.32	4.3
	钢材	1216	1210	0.5
出口	粗钢	6785.89	7411.41	-8.4
	钢材	6382	6983	-8.6

项目		2018 年	2017 年	同比
净出口	粗钢	5397.27	6080.09	−11.2
	钢材	5166	5773	−10.5

数据来源：win 数据库，2018 年 12 月。

（二）出口量减少，结构优化

2018 年 1—11 月中国出口钢材 6382 万吨，同比下降 8.6%；其中棒材出口 1206 万吨，同比下降 19.8%；角型材出口 323 万吨，同比小幅上涨 1.6%；板材下降 3688 万吨，同比下降 8.0%（见表 4-8）。总体上，2018 年前 11 月中国钢材出口量同比大幅下降。从出口金额来看，2018 年 1—11 月，中国钢材在出口量下降的同时，出口总额累计同比增长 12.5%，高端产品出口占比提高，出口结构优化。

表 4-8　2018 年 1—11 月中国钢材分品种出口情况(单位：万吨，%)

品种	2018 年 1—11 月	2017 年 1—11 月	同比
钢材	6382	6983	−8.6
棒材	1206	1504	−19.8
角型材	323	318	1.6
板材	3688	4009	−8.0

数据来源：wind 数据库，2019 年 1 月。

（三）钢材进口同比小幅增长

2018 年 1—11 月中国进口钢材 1216 万吨，同比增长 0.5%；其中进口角型材 32 万吨，同比下降 10.7%；进口板材 1025 万吨，同比增长 2%；进口管材及空心异形材 38 万吨，同比增长 0.2%；棒材 101 万吨，同比下降 8.9%（见表 4-9）。

表 4-9　2018 年 1—11 中国钢材分品种进口情况（单位：万吨，%)

品种	2018 年	2017 年	同比
钢材	1216	1210	0.5
角型材	32	36	−10.7
板材	1025	1005	2
管材	38	38	0.2
棒材	101	111	−8.9

数据来源：海关总署，2019 年 1 月。

第二节　需要关注的几个问题

一、警惕已化解产能复产，聚焦产能结构优化

过去三年，钢铁行业积极落实党中央、国务院的决策部署，坚定不移地打击"地条钢"，化解过剩产能，推进供给侧结构性改革，提前完成了 5 年化解 1.5 亿吨过剩产能的任务上限目标。2018 年钢铁企业效益持续改善，行业发展态势良好。但是也要警惕，受利益驱使而产生的违规新增产能，防止已化解的产能复产。

二、国际贸易形势严峻，出口量持续下滑

2018 年，中国钢铁行业面临的国际贸易形势严峻复杂，贸易摩擦显著增加：过去一年中，18 个国家、地区对中国出口的钢铁产品发起贸易救济调查案件 36 起，案件同比上升 80%。就钢材出口量而言，2018 年 1—11 月，中国钢材出口 6378 万吨，同比下降 8.6%，2017 年全年钢材出口 7541 万吨，同比下降 30.5%，2016 年钢材出口 10849 万吨，同比下降 3.5%，出口钢材数量已连续三年下降。中国钢铁行业一定要对此高度重视，鼓励企业积极应对国外贸易调查，主动参与到"一带一路"建设中来。

三、钢铁产业集中度低，加速兼并重组进程

2018 年，钢铁行业整体效益良好，企业盈利大幅增长，同时行业仍然面临产业集中度低的问题。《钢铁工业调整升级规划（2016—2020 年）》中要求到 2020 年，钢铁行业集中度（CR10）达到 60%，而截止到 2017 年年底，中国钢铁行业集中度仅为 36.9%，距离设定目标还有很大距离，也远低于日本、韩国等国家。中国钢铁行业提升产业集中度任务艰巨，需要进一步加快资源整合，加速推进兼并重组进程，促进中国钢铁行业高质量发展。

第五章

有色金属行业

2018 年，我国十种有色金属产量增速回升，固定资产投资增速加快，氧化铝、精炼铜、精炼铅、精炼锌等初级产品进口大幅增加，但主要产品价格高位震荡下跌，近三年行业整体效益首次大幅下降，行业仍面临高质量发展任务艰难、外部发展环境有喜有忧、行业运行压力不断增大的问题。

第一节 基本判断

一、十种有色金属产量增速回升

（一）生产情况

十种有色金属产量和增速双增长。2018 年，我国十种有色金属产量达到 5687.9 万吨，较上年增长 6.0%，增速较上年提高 3 个百分点（见图 5-1）。分月看，十种有色金属月产量同比均保持增长，11 月和 12 月月产量同比增速分别为 12.7%和 10.0%，12 月当月产量达到 507.6 万吨的全年峰值（见表 5-1）。

图 5-1 2001—2018 年十种有色金属产量及累计同比增长率

（数据来源：国家统计局，2019 年 1 月）

表 5-1   2017—2018 年十种有色金属产量及增长情况

时间	2017 年		2018 年	
	产量（万吨）	同比增长（%）	产量（万吨）	同比增长（%）
3 月	457.3	4.0	455.4	3.0
4 月	451.0	5.0	453.9	3.1
5 月	457.7	2.4	455.3	4.3
6 月	485.0	6.1	461.5	1.9
7 月	447.2	0.0	462.4	8.5
8 月	442.0	-2.2	453.5	5.7
9 月	444.1	-3.1	456.3	5.8
10 月	445.9	-3.3	452.2	5.5
11 月	432.4	-6.9	471.3	12.7
12 月	472.4	2.8	507.6	10.0
合计	5377.8	3.0	5687.9	6.0

数据来源：国家统计局，2019 年 1 月。

铜、铝、铅产量保持增长，锌产量持续下降。分品种看，2018 年，我国共生产铜 902.9 万吨、铝 3580.0 万吨、铅 511.3 万吨、锌 568.1 万吨，同比分别增长 8.0%、7.4%、9.8%、-3.2%。除锌产量较上年降低外，铜、铝、铅产量增速分别较上年增加 0.3、5.8、0.1 个百分点（见表 5-2）。

表 5-2   2017—2018 年主要有色金属产品生产情况

品种	2017 年		2018 年	
	产量（万吨）	同比增长（%）	产量（万吨）	同比增长（%）
铜	888.9	7.7	902.9	8.0
铝	3227.0	1.6	3580.0	7.4
铅	471.6	9.7	511.3	9.8
锌	622.0	-0.7	568.1	-3.2
镍	20.3	-7.5		
锡	18.2	-0.3		
锑	19.9	9.1		
镁	102.2	3.8		

数据来源：国家统计局，2019 年 1 月。

　　主要省市有色金属生产出现分化。山东、新疆、内蒙古、河南、甘肃、云南和广西是我国有色金属生产大省，2018 年十种有色金属产量分别为 1048.6、642.1、548.4、471.0、410.5、356.5 和 309.6 万吨。其中，山东、内蒙古、甘肃、云南和广西较上年分别增长 9.5%、20.0%、3.0%、0.8%和 54.1%，而新疆和河南较上年分别减少 3.3%和 3.1%。青海、安徽、贵州有色金属产量持续增加，较上年分别增长5.4%、18.0%和20.5%（见表5-3）。

表 5-3　2017—2018 年各省市十种有色金属产品生产情况

地区	2017 年		2018 年	
	产量（万吨）	同比增长（%）	产量（万吨）	同比增长（%）
天津	1.9	106.7	1.7	−11.6
河北	6.3	−46.8	3.2	−48.7
山西	132.1	9.7	121.0	−8.2
内蒙古	355.0	6.8	548.4	20.0
辽宁	98.9	6.9	108.6	10.1
吉林	12.6	7702.9	12.6	0.3
黑龙江	0.03	−33.8	0	—
上海	3.4	−31.5	1.6	−55.5
江苏	43.4	32.2	37.7	9.9
浙江	40.8	3.9	56.4	40.4
安徽	221.0	12.8	209.6	18.0
福建	46.2	1.4	47.8	3.4
江西	174.2	16.9	163.7	2.4
山东	870.8	−11.9	1048.6	9.5
河南	543.2	−2.9	471.0	−3.1
湖北	77.6	10.5	76.5	−1.3
湖南	205.6	−5.2	166.8	−12.5
广东	38.0	5.1	40.4	−1.5
广西	230.0	27.4	309.6	54.1
重庆	60.2	8.9	57.7	3.8
四川	67.8	24.5	79.8	15.8
贵州	109.3	53.5	132.7	20.5
云南	372.7	4.7	356.6	0.8
陕西	232.6	1.4	197.9	−9.8

地区	2017 年		2018 年	
	产量（万吨）	同比增长（%）	产量（万吨）	同比增长（%）
甘肃	398.6	6.4	410.5	3.0
青海	238.1	2.7	249.6	5.4
宁夏	132.8	10.6	135.0	1.4
新疆	663.9	1.8	642.1	-3.3

数据来源：国家统计局，2019 年 1 月。

二、固定资产投资增速加快

2018 年，有色金属行业固定资产投资规模小幅增长，投资增速加快。全年有色金属行业完成固定资产投资 6220.0 亿元，同比增长 1.2%。受有色金属矿采选业完成固定资产投资大幅下降影响，有色金属行业固定资产投资增速远远低于全社会固定资产投资增速，较全国固定资产投资（不含农户）增速减少 4.7个百分点（见图 5-2、图 5-3）。

图 5-2　2003—2018 年有色金属采矿业固定资产投资情况

（来源：国家统计局，2019 年 1 月）

三、价格高位震荡下跌，均价涨跌不一

铜价格震荡下跌，全年均价同比大幅上涨。1—3 月阴极铜价从年初的全年最高价 55530 元/吨下跌至 49230 元/吨，至 6 月回升至 54150 元/吨，随后波动下跌，至 9 月初降至全年最低价 47330 元/吨，10—12 月中旬价格维持在

49000～50000 元/吨，之后小幅下跌。全年平均价为 50800 元/吨，同比上涨 10.6%（见图 5-4）。

图 5-3　2003—2018 年有色金属冶炼及压延加工业固定资产投资情况

（数据来源：国家统计局，2019 年 1 月）

图 5-4　2018 年阴极铜价格走势

（数据来源：上海期货交易所，2019 年 1 月）

铝价格波动下跌，全年均价同比下降。铝价格从 1 月初的 15280 元/吨持续下降至 3 月底的 13895 元/吨，随后价格迅速上涨，4 月中旬达到全年最高价 15540 元/吨后下跌至 4 月底的 14520 元/吨，5—8 月铝价格在 14000～15000 元/吨之间波动，9 月初铝价格从 14975 元/吨缓慢下降，11 月下旬至 12 月铝价格维持在 13700～13800 元/吨，全年最低价为 13665 元/吨。全年平均价为 14432 元/吨，同比下跌 2.5%（见图 5-5）。

图 5-5　2018 年铝价格走势

（数据来源：上海期货交易所，2019 年 1 月）

　　铅价格大幅波动下跌，全年均价同比上涨。1—2 月，铅价格在 19000～20000 元/吨之间波动，3—4 月中旬铅价格下跌至 17820 元/吨，6 月初铅价格达到全年最高价 20070 元/吨，至 8 月中旬铅价格下跌至全年最低价 17000 元/吨后小幅回升，铅价格从 9 月的 18275 元/吨缓慢下降至 12 月底的 17600 元/吨左右。全年均价为 18385 元/吨，同比上涨 1.1%（见图 5-6）。

图 5-6　2018 年铅价格走势

（数据来源：上海期货交易所，2019 年 1 月）

锌价格持续震荡下跌，全年均价同比下跌。从年初的 25720 元/吨上涨到 1 月底的全年最高价 26955 元/吨，至 8 月锌价格持续波动下跌，8 月中旬达到全年最低价 19340 元/吨，至 10 月下旬锌价格小幅回升至 22085 元/吨，11 月锌价格小幅回落至 19430 元/吨，12 月锌价格从月初的约 21000 元/吨下降至月底的约 20000 元/吨。全年均价为 22724 元/吨，同比下跌 3.1%（见图 5-7）。

图 5-7　2018 年锌价格走势

（数据来源：上海期货交易所，2019 年 1 月）

四、近三年行业整体效益首次下降

有色金属行业整体效益大幅下降。受有色金属冶炼及压延加工业利润大幅下降影响，2018 年，有色金属行业共实现利润 1816.9 亿元，较上年减少 734.2 亿元。其中，有色金属矿采选业实现利润 419.8 亿元，同比增加 0.2%，销售利润率为 12.06%，较上年增加 2.63 个百分点；有色金属冶炼及压延加工业实现利润 1397.1 亿元，同比减少 9.0%，销售利润率为 2.49%，较上年降低 1.02 个百分点（见表 5-4）。

表 5-4　2011—2018 年有色金属行业实现利润情况

时间	有色金属矿采选业		有色金属冶炼及压延加工业	
	利润（亿元）	同比增长（%）	利润（亿元）	同比增长（%）
2011 年	775.5	52.3	1713.5	51.3
2012 年	764.4	−0.2	1427.4	−10.4
2013 年	628.0	−17.2	1445.5	0.1

续表

时间	有色金属矿采选业		有色金属冶炼及压延加工业	
	利润（亿元）	同比增长（%）	利润（亿元）	同比增长（%）
2014 年	563.4	-10.7	1490.0	2.5
2015 年	450.3	-19.3	1348.8	-11.0
2016 年	483.3	9.7	1947.0	42.9
2017 年	527.2	23.5	2023.9	28.6
2018 年	419.8	0.2	1397.1	-9.0

数据来源：国家统计局，2019 年 1 月。

有色金属行业亏损额和亏损面双增加。在纳入国家统计局统计的 8398 家企业中，共有 1733 家企业亏损，亏损面为 20.6%，较上年增加 4.5 个百分点。其中，有色金属矿采选业亏损面为 21.6%，较上年增加 4.3 个百分点，亏损额为 49.6 亿元，较上年增加 15.3 亿元；有色金属冶炼及压延加工业亏损面为 20.4%，较上年增加 4.6 个百分点，亏损额为 400.7 亿元，较上年增加 169.9 亿元（见表 5-5）。

表 5-5 2011—2018 年有色金属行业亏损情况

时间	有色金属矿采选业			有色金属冶炼及压延加工业		
	企业总数（个）	亏损企业数（个）	亏损额（亿元）	企业总数（个）	亏损企业数（个）	亏损额（亿元）
2011 年	2045	135	7.0	6629	878	136.1
2012 年	2122	223	17.0	6746	1222	306.5
2013 年	2108	295	29.5	7168	1281	322.5
2014 年	2037	321	33.9	7236	1294	378.7
2015 年	1949	435	58.9	7321	1520	507.8
2016 年	1797	381	47.3	7176	1132	243.2
2017 年	1674	290	34.3	7215	1143	230.8
2018 年	1456	315	49.6	6942	1418	400.7

数据来源：国家统计局，2019 年 1 月。

五、铜铝铅锌产品进出口表现不一

（一）铜

2018 年，我国主要出口的铜产品较上年同期相比有所减少，未锻造的铜及铜材出口量同比减少 3.0%。其中,未锻造的铜及铜合金出口量 28.2 万吨,同比减少 16.6%;铜材出口量 51.0 万吨,同比增长 6.7%(见表 5-6)。除废铜、铜材、铜合金外,主要进口的铜产品较上年同期相比大幅增加,铜矿、精炼铜、未锻造的铜及铜合金分别进口 1971.6 万吨、375.3 万吨和 475.0 万吨,同比分别增长 13.7%、15.7%和 15.5%。受洋垃圾禁止入境政策影响,废铜进口量大幅减少,达到 241.3 万吨,同比减少 32.2%。我国精炼铜保持净进口,智利、印度、哈萨克斯坦、日本保持为我国前四精炼铜进口国,2018 年前 11 个月上述四国进口量分别达到 115.1 万吨、21.2 万吨、19.8 万吨和 19.6 万吨(见表 5-7)。

表 5-6 2017—2018 年铜产品进出口情况

品种	出口				进口			
	2018 年		2017 年		2018 年		2017 年	
	总量(万吨)	增长率(%)	总量(万吨)	增长率(%)	总量(万吨)	增长率(%)	总量(万吨)	增长率(%)
铜矿石及精矿	X	—	0.02	—	X	13.7	1735.0	2.3
粗铜	—	—	—	—	X	X	79.9	13.0
精炼铜	X	X	33.8	−20.7			324.4	−10.6
铜合金	—	—	—	—			6.5	35.0
未锻造的铜及铜合金	28.2	−16.6	33.8	−21.1	475.0	15.5	411.0	−6.3
铜材	51.0	6.7	47.8	5.7	55.1	-5.4	58.2	3.4
未锻造的铜及铜材	79.2	−3.0	81.6	−7.4	530.0	12.9	469.0	−5.2
废铜	X	X	0.03	66.0		−32.2	355.7	6.2

数据来源:海关总署、智利国家铜业委员会,2019 年 2 月。

表 5-7 2018 年 1—11 月精炼铜分国家和地区进口情况

国别和地区	智利	印度	哈萨克斯坦	日本	秘鲁	韩国	澳大利亚	赞比亚	波兰	巴西
进口量(万吨)	115.1	21.2	19.8	19.6	18.7	12.1	12.8	8.6	7.5	4.9

数据来源:海关总署,2019 年 2 月。

（二）铝

2018 年，我国主要出口的铝产品出口量大幅增加，未锻造的铝及铝材出口量 580.0 万吨，同比增长 20.9%，较上年同期增加 16.4 个百分点。其中，未锻造的铝（包括铝合金）出口量 56.3 万吨，同比增长 2.1%；铝材出口量 523.0 万吨，同比增长 23.4%，较上年同期增加 19.3 个百分点。主要进口的铝土矿进口量增幅放缓，2018 年共进口 8262.4 万吨，进口增速较上年下降 12 个百分点。此外，未锻造的铝（包括铝合金）和铝材分别进口 19.9 和 39.7 万吨，同比增长 7.1% 和 0.1%。氧化铝和废铝进口量分别为 51.2 万吨和 156.5 万吨，同比减少 82.1% 和 27.9%（见表 5-8）。

表 5-8　2017—2018 年主要铝产品进出口情况

品种	出口				进口			
	2018 年		2017 年		2018 年		2017 年	
	总量（万吨）	增长率（%）	总量（万吨）	增长率（%）	总量（万吨）	增长率（%）	总量（万吨）	增长率（%）
铝土矿	—	—	—	—	X	X	6855.5	32.4
氧化铝	X	2527	5.57	−47.2	X	−82.1	286.5	−5.3
原铝	X	—	1.4	—	X	—	11.6	—
铝合金	X		53.7	8.5	X	X	7.0	20.7
未锻造的铝（包括铝合金）	56.3	2.1	55.1	7.7	19.9	7.1	18.6	−27.2
铝材	523.0	23.4	424.0	4.1	39.7	0.1	39.7	1.5
未锻造的铝及铝材	580.0	20.9	479.0	4.5	59.6	2.3	58.3	−9.8
废铝	X	—	0.06	—	X	−27.9	217.2	13.3

数据来源：海关总署、赛迪智库材料工业研究所整理，2019 年 2 月。

（三）铅

2018 年，我国氧化铅出口量大幅增加，较上年同期增长 137 万吨，达到 142.6 万吨。我国铅精矿进口量基本保持稳定。精炼铅进口量大幅增加，同比增长 64.0%，达到 12.8 万吨（见表 5-9）。我国主要从哈萨克斯坦、韩国和澳大利亚进口精炼铅，2018 年前 11 个月进口量分别达到约 3.3 万吨、2.6 万吨和 0.9 万吨（见表 5-10）。其中，澳大利亚进口量急剧减少，较上年同期减少近 3.1

万吨。此外，我国开始从秘鲁和比利时进口精炼铅。

表 5-9　2017—2018 年铅产品进出口情况

品种	出口				进口			
	2018 年		2017 年		2018 年		2017 年	
	总量（万吨）	增长率（%）	总量（万吨）	增长率（%）	总量（万吨）	增长率（%）	总量（万吨）	增长率（%）
铅矿砂及精矿	—	—	—	—	X	X	127.7	-9.4
精炼铅	X	增	0.7	-52.0	12.8	64.0	7.8	7169.7
铅合金	X	降	0.1	-31.5	X	X	3.0	46.8
未锻轧铅			0.8	-50.3	X	X	10.8	400.4
铅材			1.92	38.9	X	X	0.06	-7.0

数据来源：海关总署、赛迪智库材料工业研究所整理，2019 年 2 月。

表 5-10　2018 年 1—11 月精炼铅分国别和地区进口情况（单位：吨）

国别和地区	哈萨克斯坦	韩国	澳大利亚	秘鲁	比利时	中国台湾	日本
进口量（吨）	32707.8	26426.6	8645.6	4851.4	755.0	200.0	119.8

数据来源：海关总署，2019 年 2 月。

（四）锌

2018 年，除未锻造的锌外，我国锌产品出口量持续减少，未锻造的锌出口同比增加 47.9%，达到 2.4 万吨（见表 5-11）。锌精矿和未锻造锌进口量连续两年保持增长，继续维持净进口国地位。2018 年前 11 个月，日本、中国台湾、越南和新加坡是我国前四精炼锌进口地，进口量分别达到 0.4 万吨、0.4 万吨、0.3 万吨和 0.03 万吨（见表 5-12）；澳大利亚、韩国和日本是我国前三锌合金进口国，进口量分别达到 3.8 万吨、3.6 万吨和 1.3 万吨。

表 5-11　2017—2018 年锌产品进出口情况

品种	出口				进口			
	2018 年		2017 年		2018 年		2017 年	
	总量（万吨）	增长率（%）	总量（万吨）	增长率（%）	总量（万吨）	增长率（%）	总量（万吨）	增长率（%）
锌矿砂及精矿	—	—	—	—	296.8	21.9	243.5	21.9
精炼锌	2.2	48.6	1.48	-30.9	71.5	5.9	67.5	59.0

续表

品种	出口				进口			
	2018 年		2017 年		2018 年		2017 年	
	总量（万吨）	增长率（%）	总量（万吨）	增长率（%）	总量（万吨）	增长率（%）	总量（万吨）	增长率（%）
合金锌	0.23	35.3	0.17	35.8	10.5	-0.3	10.8	6.6
未锻造的锌（包括锌合金）	2.4	47.9	1.6	-27.4	82.0	3.8	78.2	48.9
氧化锌	1.2	-7.6	1.3	-14.9	1.7	0.3	1.4	47.9
锌钡白	1.45	-19.2	1.7	-6.9	0.03	0.01	0.02	53.4
锌材	0.8	-27.2	1.1	-41.8		-1.8	1.8	31.5
锌废碎料	—	—	—	—	1.6	0.2	1.4	39.9

数据来源：海关总署、赛迪智库材料工业研究所整理，2019 年 2 月。

表 5-12　2018 年 1—11 月精炼锌进出口情况（单位：万吨）

出口量				进口量								
日本	中国台湾	新加坡	越南	澳大利亚	纳米比亚	哈萨克斯坦	日本	印度	韩国	墨西哥	西班牙	巴西
0.4	0.4	0.03	0.3	16.4	2.2	11.5	1.1	7.7	5.4	0.6	16.1	1.3

数据来源：海关总署，2019 年 2 月。

第二节　需要关注的几个问题

一、高质量发展任务艰巨

海外铝土矿利用量比例逐步上升，但沿海氧化铝生产建设大干快上明显。大量已停产、停建的电解铝项目仍有复产、复建冲动，严管严控新增产能任务艰巨。有色智能矿山、智能工厂建设开始起步，但行业智能制造标准建设滞后。部分行业绿色冶炼缺乏技术支撑，资源综合利用技术研发和推广应用慢。先进的有色金属新材料占比依然不高，航空航天、集成电路等用途关键有色材料仍严重依赖进口。

二、外部发展环境有喜有忧

一方面，考虑到中美贸易摩擦的长期性和复杂性，贸易争端解决的不确定性仍然存在，未来铝材出口很难保持持续增长，机电、汽车等有色终端消费品出口受阻也将加剧对行业健康发展的影响。考虑到铝、铜、镍等有色金属的金融属性，中美贸易摩擦带来的间接影响将更大。另一方面，中俄铝工业合作达成多项共识，未来借助中俄合作机制，有效推动在铝业科技、项目和贸易等领域务实合作。

三、行业运行压力不断增大

2018年，受原辅料成本普遍上涨、环保要求日趋严格等影响，有色金属行业平均综合成本大幅提升。此外，民营企业融资成本高、非经营性负担重及中小企业融资难融资贵问题能否解决存在着不确定性。汽车产销量双下降、房地产投资增速下降，有色金属传统消费增速下降，新兴消费仍未形成有效支撑。

第六章

建材行业

第一节　基本判断

一、生产总体保持平稳

2018 年，我国建材行业主要产品产量总体保持平稳，平板玻璃、建筑陶瓷、防水材料等产品产量同比均保持增长，水泥产量出现小幅回落。

（一）水泥行业

受益于全国总体需求稳步提升，水泥产量出现小幅下降，2018 年，全国水泥产量 21.8 亿吨，较上年同比下降 6%（见图 6-1）。

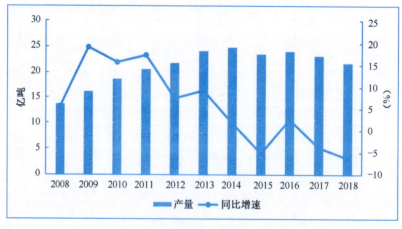

图 6-1　2008—2018 年我国水泥产量及同比增速

（数据来源：Wind 数据库，2019 年 1 月）

从全国区域市场来看，华北、西南等地产量呈现上涨，东北、西北等地产量则持续下降，全国共21个省市水泥产量出现绝对下降，下降幅度最大的是吉林省。

（二）平板玻璃行业

2018年，受益于下游需求旺盛，我国平板玻璃产量出现小幅增长，全年产量达到8.7亿重量箱，实现同比增长2.1%（见图6-2）。

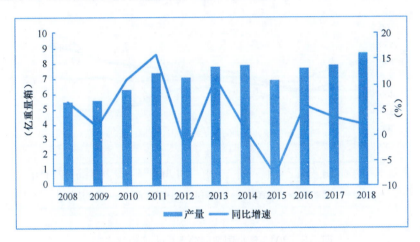

图 6-2　2018 年我国平板玻璃产量及同比增速

（数据来源：Wind，2019 年 1 月）

分省市看来，产量排名前三位的省份分别是河北省（927.3 万重量箱）、湖北省（868.9 万重量箱）、广东省（818.5 万重量箱），三个省的平板玻璃产量占全国总产量的34.5%。从产量增速来看，排名前三位的是云南省（248.6%）、广西壮族自治区（63.3%）和辽宁省（52.5%）。从产能看，根据协会的统计数据，今年新增产能约 2000 万重量箱，短期内在产产能压力依旧存在。

二、产品价格理性回升

2018 年，建材产品价格整体较上年有所回升，全年均价实现同比增长10.5%，尤其水泥价格涨幅明显，全国通用水泥平均出厂价格 396.7 元/吨，实现同比增长22%，平板玻璃出厂价格虽然实现同比增长3.5%，但全年呈现出震荡下行的发展态势。

（一）水泥行业

2018 年，全国水泥市场总体呈现出震荡上升的发展态势，但区域间差异表现较为明显，其中东部地区在需求略增和供给收缩的共同作用下，水泥价格整体涨幅较大，如北京市、南京市等地整体上涨趋势较为明显。中部地区、西部地区因下游需求较弱，价格涨幅不大，尤其是西部地区，云南、陕西等地还呈现小幅回落的发展态势（见图 6-3）。

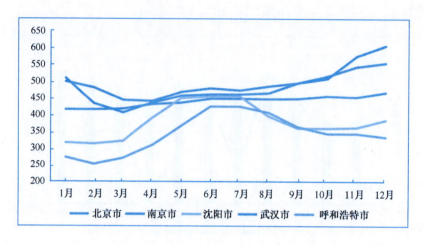

图 6-3　2018 年全国及部分地区水泥价格走势

（数据来源：Wind 数据库，2019 年 1 月）

（二）平板玻璃行业

2018 年，平板玻璃价格整体呈现震荡下行的发展态势，2 月份达到全年价格高点，为 74.8 元/重量箱，11 月份已经跌至 68 元/重量箱。其中只有 2 月、7 月和 9 月份同比价格略有上涨，其余月份同比增速均为负值（见图 6-4）。

三、经济效益明显提升

2018 年，我国建材行业经济效益明显好转，亏损企业数量及亏损金额同比均出现下降，企业毛利润保持上涨。其中规模以上企业完成主营业务 4.8 万亿元，同比增长 15%，利润总额实现大幅增长，达到 4317 亿元，同比大幅增长 43%。水泥、平板玻璃、卫生陶瓷、防水材料等细分领域利润也实现同比增长。其中玻璃行业利润达到 1546 亿元，实现同比增长 114%。

从水泥企业的上市公司效益来看，2018 年前三季度 21 家水泥上市公司的营收、净利润合计同比分别大幅上涨 32% 和 118%，实现全面盈利(见表 6-1)。

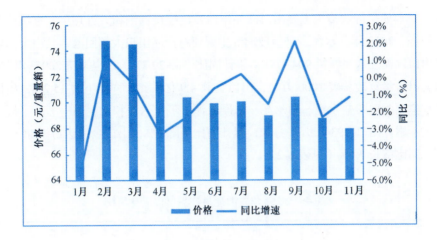

图 6-4　2018 年全国平板玻璃价格走势

（数据来源：Wind 数据库，2019 年 1 月）

表 6-1　2018 年前三季度主要水泥上市公司盈利情况

企业名称	营业收入（亿元）	营业收入同比（%）	归母净利润（亿元）	归母净利润同比（%）
中国建材	1567.9	21.5	76.6	120.0
海螺水泥	77.9	55.5	207.2	111.2
金隅集团	560.6	21.6	31.0	19.2
华润水泥	275.4（港币）	35.4	60.9（港币）	130.0
冀东水泥	221.9	15.0	14.2	111.7
华新水泥	190.4	32.7	34.11	225.0
亚泰集团	99.7	20.3	1.05	-38.5
亚洲水泥	78.9	52.0	16.0	762.1
万年青	70.2	52.1	8.7	272.6
塔牌集团	45.2	48.7	12.5	147.4
天山股份	56.3	11.9	7.6	143.9
祁连山	43.2	-6.7	5.5	-4.9
金圆股份	56.9	101.8	3.7	44.3
上峰水泥	36.3	23.3	9.2	101.6
宁夏建材	31.1	-9.6	3.5	21.2

数据来源：智库材料工业所根据公开资料整理，2019 年 1 月。

四、出口形势继续低迷

目前建材行业传统主要出口商品出口量已经接近饱和，近几年一直呈现下降趋势。2018 年，水泥、平板玻璃等主要建材产品出口大幅回落，其中全国累计出口水泥及水泥熟料 904 万吨，累计同比下降 29.7%，这也是自 2005 年以来水泥出口量首次跌破 1000 万吨，出口金额 4.9 亿美元，同比下滑 15.2%，出口品种主要为硅酸盐水泥、白水泥、水凝水泥、巩土水泥和水泥熟料等。平板玻璃全年累计出口 19347 万平方米，累计同比下降 8%，出口金额达到 15.6 亿美元，同比增长 7.6%（见表 6-2）。

表 6-2　2018 年主要建材产品出口量及同比

商品名称	出口		较上年同期增幅/%	
	出口数量 （万吨）	出口金额 （亿美元）	数量	金额
水泥及熟料	904	4.9	-29.7%	-15.2%
平板玻璃/万平方米	19347	15.6	-8.0%	7.6%
天然石墨	34	3.5	0.0%	31.6%
家用陶瓷器皿	2260	215.7	-3.5%	12.1%
花岗岩石材及制品	667	32.3	-10.0%	-4.8%

数据来源：wind 数据库，2019 年 1 月。

值得注意的是，在水泥、玻璃等大宗建材产品出口形势整体不乐观的情况下，天然石墨出口量达到 34 万吨，且出口金额达到 3.5 亿美元，实现同比增长 31.6%，其中日本是最大的进口国，石墨作为我国具有比较优势的天然矿产资源，一定要警惕大量外流。

第二节　需要关注的几个问题

一、产能过剩压力不减

据统计，2018 年全国新点火水泥熟料设计产能 2043 万吨，预计 2019 年仍将会有 2500 万吨左右产能新点火，部分地区水泥产能利用率低于 60%[①]。平板

———————————

① 水泥行业协会

玻璃的新增产能也超过 2000 万重量箱。因此，2018 年建材行业经济效益的好转，多是受益于行业自律、错峰生产等限产措施，而非产能利用率的提高，行业产能过剩问题尚未得到真正解决，仍需进一步加强去产能，加快向结构性、系统性去产能转变。

二、行业运行面临下行压力

近年来，随着我国经济发展步入新常态，固定资产投资增速呈现持续回落的发展态势，房地产、基建、公共设施建设等投资增速也在不断下滑，过去的投资驱动已经开始被迫向创新驱动转变。建材行业是一个高度依赖宏观经济的周期性行业，经济增速的稳中趋缓将对建材产品需求造成一定压力，行业发展动力也已经发生根本性改变，但存量市场面临产能过剩和投资低位，新兴市场无论是规模还是从市场范围，仍处于转型或培育阶段。

三、出口形势愈加严峻

2018 年，建材行业出口形势继续低迷，一方面中美之间爆发贸易战，建材行业进出口受贸易关税变化影响较大，美国加征关税商品清单涉及建材商品超过 140 种，涉及的出口金额约 32 亿美元，对建材产品出口带来沉重打击。另一方面中美贸易战的爆发，还涉及光伏、电子信息等多个建材行业下游产业，对建材产品的出口贸易带来连带影响。

四、企业竞争压力依然很大

2018 年，建材行业整体效益明显好转，但不可否认的是企业竞争压力依然很大。一方面随着环保要求日益趋严，原料、运输、环保等成本持续攀升，其中水泥行业因为成本上涨叠加，直接带动熟料成本上涨 30~50 元/吨。二是融资难、融资贵的问题依然难以解决，水泥、平板玻璃等行业属于产能过剩矛盾较为突出的行业，生产企业很难通过银行获得信贷及融资支持，只能通过非银行渠道，融资成本高、融资风险大。三是新材料推广应用难，如发电玻璃、玄武岩纤维等，虽然部分企业技术均处于国内甚至国际领先，对化解过剩产能、推动绿色发展也具有重要意义，但下游用户接受度普遍不高，企业订单较少，发展压力较大。

第七章

稀土行业

第一节 基本判断

一、产需双双上涨

从供给方面看。为鼓励企业提高原材料转化率，进一步调整稀土开采、生产总量控制计划。2018 年，矿产品总量计划由 10.5 万吨调整到 12 万吨，冶炼分离产品总量计划由 10 万吨调整到 11.5 万吨（见表 7-1）。其中，中国北方稀土（集团）高科技股份有限公司稀土矿产品指标占总数的 57.7%，冶炼分离产品指标占总数的 51.7%，居全国首位。

表 7-1　2018 年稀土生产总量控制计划表（折稀土氧化物，吨）

序号	6 家稀土集团	矿产品	冶炼分离产品
1	五矿稀土集团有限公司	2010	5658
2	中国稀有稀土股份有限公司	14350	19379
	其中:中国钢研科技集团有限公司	3600	1000
3	中国北方稀土（集团）高科技股份有限公司	69250	59484
4	厦门钨业股份有限公司	3440	3963
5	中国南方稀土集团有限公司	28250	15912
	其中：四川江铜稀土参控股企业	19750	8320
6	广东省稀土产业集团有限公司	2700	10604
	其中：中国有色建设股份有限公司	0	3610
	合计	120000	115000

数据来源：工业和信息化部网站，赛迪智库整理，2019 年 1 月。

根据 2018 年 9 月 25 日，工信部发布的《关于建立稀土矿山、冶炼分离企业定期公示制度的通知》，六大稀土集团所属的稀土矿山（含回收利用稀土的工程建设项目）和冶炼分离企业，包括：中国稀有稀土，矿产主要分布于广西、四川，分离集中于江苏、广西；五矿稀土，矿产主要分布于湖南、云南、福建，分离集中于江西、湖南；北方稀土，矿产在包头，分离分布广泛；厦门钨业，矿产分布在福建，回收项目较多，分离只有金龙稀土；南方稀土，江西矿全部停产，四川矿在产，分离企业集中于江西、四川；广东稀土，矿产在广东，分离在广东，其他省份也有布局（见表 7-2）。

表 7-2　六大稀土集团所属稀土矿山和冶炼分离企业名单

序号	六大稀土集团	稀土矿山	冶炼分离企业
1	中国稀有稀土股份有限公司	（1）中铝广西有色崇左稀土开发有限公司六汤稀土矿 （2）永贺高速公路和贵广高铁建设项目压覆稀土资源抢救性回收项目 （3）梧州商贸物流园区压覆稀土资源抢救性回收项目 （4）岑溪花岗岩矿区伴生稀土资源综合回收利用项目 （5）广西荔浦至玉林高速公路兴业段压覆稀土资源抢救性回收项目 （6）山东微山湖稀土有限公司微山湖稀土矿 （7）四川汗鑫矿业发展有限公司大陆槽稀土矿 （8）冕宁冕里稀土选矿有限责任公司羊房稀土矿 （9）德昌厚地稀土矿业有限公司大陆槽稀土矿	（1）中铝稀土（常熟）有限公司 （2）中铝稀土（常州）有限公司 （3）中铝稀土（宜兴）有限公司 （4）中铝稀土（阜宁）有限公司 （5）中铝广西有色金源稀土股份有限公司 （6）中铝广西国盛稀土开发有限公司 （7）江苏国盛新材料有限公司 （8）钢研集团稀土科技有限公司 （9）江阴加华新材料资源有限公司 （10）西安西骏新材料有限公司 （11）淄博加华新材料资源有限公司 （12）山东中凯稀土材料有限公司 （13）乐山盛和稀土股份有限公司 （14）全南县新资源稀土有限责任公司 （15）湖南稀土金属材料研究院
2	五矿稀土集团有限公司	（1）五矿稀土江华有限公司江华县稀土矿 （2）陇川云龙稀土开发有限公司龙安稀土矿	（1）定南大华新材料资源有限公司 （2）赣县红金稀土有限公司 （3）广州建丰五矿稀土有限公司

序号	六大稀土集团	稀土矿山	冶炼分离企业
2	五矿稀土集团有限公司	（3）福建省三明稀土材料有限公司中山稀土矿	（4）五矿江华瑶族自治县兴华稀土新材料有限公司 （5）益阳鸿源稀土有限公司 （6）永州市湘江稀土有限责任公司 （7）汨罗市恒峰新材料有限公司
3	中国北方稀土（集团）高科技股份有限公司	（1）包头钢铁（集团）有限责任公司白云鄂博铁矿 （2）中国北方稀土（集团）高科技股份有限公司遴选厂	（1）中国北方稀土（集团）高科股份有限公司冶炼分公司 （2）包头华美稀土高科有限公司 （3）内蒙古包钢和发稀土有限公司 （4）包头科日稀土材料有限公司 （5）全南包钢晶环稀土有限公司 （6）甘肃稀土新材料股份有限公司 （7）信丰县包钢新利稀土有限责任公司 （8）包头市京瑞新材料有限公司 （9）淄博包钢灵芝稀土高科技股份有限公司 （10）包头市金蒙稀土有限公司 （11）包头市飞达稀土有限公司 （12）包头市红天宇稀土磁材有限公司 （13）五原县润泽稀土有限公司 （14）包头市新达茂稀土有限公司 （15）北方稀土生一伦稀土高科技有限公司
4	厦门钨业股份有限公司	（1）长汀县闽欣稀土有限公司杨梅坑稀土矿 （2）上杭县兆瑞矿产有限公司加庄稀土矿 （3）连城县鼎丞稀土矿有限公司文坊稀土矿 （4）连城县黄坊稀土矿	

续表

序号	六大稀土集团	稀土矿山	冶炼分离企业
4	厦门钨业股份有限公司	（5）永定区南部工业区（回收利用项目） （6）武平县工业园建设工程（回收利用项目） （7）福建省龙岩市鸿顺机动车驾驶培训基地建设项目（回收利用项目） （8）长汀（晋江）工业园建设项目（回收利用项目） （9）连城县莲龙造纸厂建设项目（回收利用项目） （10）宁化华侨经济开发区（回收利用项目） （11）长汀中坊稀土 （12）平南县溪角洋工业园区（回收利用项目）	
5	中国南方稀土集团有限公司	（1）赣州稀土矿业有限公司涂屋稀土矿 （2）赣州稀土矿业有限公司打石坳稀土矿	（1）赣州新田龙南冶炼分离有限公司 （2）赣州新田（龙南）有色金属公司 （3）江西明达功能材料有限责任公司 （4）龙南龙钇重稀土科技股份有限公司 （5）江西金世纪新材料股份有限公司 （6）四川冕宁县方兴稀土有限公司 （7）冕宁县飞天实业有限责任公司 （8）四川乐山锐丰冶金有限公司 （9）德昌县志能稀土有限责任公司 （10）漫水湾稀土冶炼分离厂（四川江铜稀土有限责任公司）
6	广东省稀土产业集团有限公司	（1）平远县华企稀土实业有限公司 （2）大浦广晟稀土矿业有限公司 （3）河源市华达棘突东源古云矿产开采有限公司	（1）广东富远稀土新材料股份有限公司 （2）清远市嘉禾稀土金属有限公司 （3）德庆兴邦稀土新材料有限公司 （4）龙南县和利稀土冶炼有限公司 （5）包头市新源稀土新材料有限公司 （6）保定市满城华保稀土有限公司

数据来源：工业和信息化部网站，赛迪智库整理，2019 年 1 月。

稀土行业回收产能 80%集中在江西赣州，其他在江苏、包头等地。一年可产生 15000 吨氧化物产量，其中 90%以上为氧化镨钕，其他的则为镝铽产品。稀土回收行业虽为国家鼓励发展的产业，不过江西地区近年产能扩张比较多，目前已被禁止建设新产能，其他地区因本身产能占比小，因此对总量影响不大，预计未来稀土回收产能增长将放缓，趋于平稳。

从需求方面看。近年来，我国稀土功能材料和应用材料在政、产、学、研、用等各方的努力下，经过集成创新、引进消化再创新和自我创新，在赶超本领域国际先进水平方面有了长足的进步和发展，有些稀土功能材料和应用材料的生产、工艺和性能指标已经达到国际先进水平。同时，受下游及终端应用领域需求拉动影响，稀土功能材料和应用材料发展势头良好。其中新材料领域对稀土的需求量达到 70%左右，而传统行业对稀土的应用不到稀土总需求量的 30%。

磁性材料受新能源汽车、变频家电、工业机器人等领域快速发展的影响，高端需求稳步增加，行业发展质量不断提升，产品产量平稳增长，重点企业效益保持良好态势，晶界扩散等先进技术进一步推广，拓展了高铁用牵引电机等新应用领域。其中，烧结钕铁硼毛坯产量约 15.5 万吨，同比增长 5%；粘接钕铁硼产量 0.7 万吨，同比增长 5%；钐钴磁体产量 0.25 万吨，与上年同期持平。

催化材料中石油裂化裂解催化材料基本保持平稳，没有明显增长；但汽车尾气净化和工业脱硫脱硝催化材料因排放标准提升、环保法规趋严及国内技术进步和产业发展等因素平稳增长。

储氢材料在镍氢电池领域的应用继续小幅恢复性增长，进一步替代镍镉电池，在电动工具、固定电源、家电的稳定应用，以及在储能领域的探索应用，混合动力汽车的动力电池系统对该材料需求也逐年增加。

抛光材料受液晶显示屏、智能手机、电脑、光学玻璃、面板玻璃及集成电路、半导体晶片等领域抛光粉用量的影响而增加。

发光材料三基色荧光粉、长余辉荧光粉产量将基本维持现状；受显示和照明行业影响，LED 荧光粉将继续保持较高的增长速度。

稀土合金在铸铁、铸钢及特钢领域将保持 3%左右的上涨态势，在稀土镁合金、铝合金等领域受结构材料轻量化、航空航天、军工和 3C 产品需求的拉动，保持快速上涨态势，稀土合金综合增长速率约为 5%。

二、产品价格震荡下行

2018 年，随着全国环检、打黑逐渐常态化、新能源汽车热度降低、中美贸易战持续升温及电动自行车新标准即将实施，以永磁下游为首的稀土消费需求下降，需求转弱令稀土价格承压，缺乏上行动能；同时，随着国内对稀土矿资源流通限制加大，国产稀土矿出现供应紧张的问题，虽然有进口矿资源的补充，但整体供应依然偏紧，氧化物价格和矿价倒挂，这对稀土价格起到一定支撑作用。我国稀土市场基本保持平稳状态。

从全年来看，第一季度，稀土市场稳中略降，呈下滑趋势，大部分稀土产品价格略有下降，只有个别产品，如镝呈上涨态势，但涨幅不大。1 月中旬，主要稀土产品价格略有上涨，随后逐渐回落，保持平稳。2月在中国的传统农历新年中度过，大部分生产厂家早早停工放假，稀土市场也随之休市半个月，春节过后厂家才缓缓复苏，询价增加，成交量较少。由于开工率不足，上游报价略有上涨，市场情绪慢慢活跃。3月中旬，稀土产品价格出现新一轮上涨，但下游企业难以接受，由于缺乏刚性需求，产品价格再度回归理性状态（见图 7-1）。

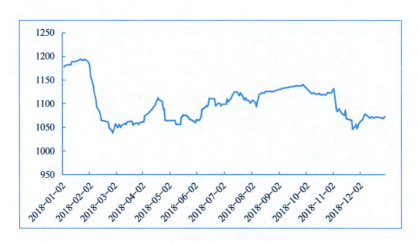

图 7-1　2018 年稀土综合价格指数

（数据来源：包头稀土产品交易所，wind 数据库，赛迪智库整理，2019 年 1 月）

第二季度，我国稀土产品价格升降起伏波动较大，由于市场缺乏刚性需求，产量供大于求，成交低迷，4 月开始，主要稀土产品价格不断下滑，持续下跌至 5 月，受环保督查回头看行动的影响，部分企业停产整顿，减缓了供需不平衡的状态，价格企稳反弹，至 6 月中下旬企业复产，产量回升，但下游采购依旧不积极，稀土产品价格再次出现下滑趋势。

第三季度，我国稀土产品价格呈稳中略降的走势，由于下游行业进入淡季，需求减弱，导致镨钕市场需求降低，订单量减少。7 月主流稀土产品价格小幅下降，疲软走势持续至 8 月底，9 月主流产品出现小幅震荡，整体平稳运行。虽然上游供应收紧，但是下游需求疲软，市场成交缓慢。

第四季度，我国稀土产品一路下行。10 月稀土产品价格走势延续下滑，轻重稀土均无幸免。11 月延续 10 月底的弱势，价格相对稳定，市场整体需求表现一般，到下半月，氧化镝等中重稀土价格有所回升。12 月，稀土整体需求稍有回暖，稀土价格略有上升，但下游需求仍乏力，稀土价格最终小幅滑落。

从全年来看，19 种主要稀土氧化物中，4 种价格上涨，13 种价格下降，2 种价格持平（见表 7-3）。

表 7-3　2018 年 1—12 月我国具体稀土产品平均价格（单位：元/公斤）

产品名	纯度	1 月	2 月	3 月	4 月	5 月	6 月
氧化镧	≥99%	15.5	15.5	15.5	15.5	15.5	15.4
氧化铈	≥99%	16.5	16.5	16.5	16.5	16.5	16.3
氧化镨	≥99%	424.3	430.0	450.0	446.5	437.2	435.0
氧化钕	≥99%	331.4	340.0	362.0	344.5	324.9	331.1
氧化钐	≥99.9%	14.0	14.0	14.0	14.0	14.0	14.0
氧化铕	≥99.99%	404.8	400.0	400.0	400.0	394.4	390.0
氧化钆	≥99%	101.0	105.0	125.0	124.0	123.5	136.1
钆铁	≥99% Gd75% ±2%	116.9	125.0	135.0	133.3	130.8	137.0
氧化铽	≥99.9%	3014.3	3050.0	3250.0	3142.0	2957.8	3038.1
氧化镝	≥99%	1174.5	1180.0	1210.0	1187.5	1157.0	1166.4
镝铁	≥99% Dy80%	1197.1	1200.0	1230.0	1215.9	1187.8	1179.3
氧化钬	≥99.5%	420.0	420.0	430.0	430.0	424.4	420.0
钬铁	≥99% Ho80%	417.6	420.0	450.0	446.0	427.2	425.0
氧化铒	≥99%	180.0	180.0	180.0	179.0	175.0	175.0
氧化镱	≥99.99%	190.0	190.0	190.0	190.0	190.0	190.0
氧化镥	≥99.9%	5325.0	5325.0	5325.0	5325.0	5325.0	5325.0
氧化钇	≥99.999%	21.0	21.0	21.0	21.0	21.0	21.0
氧化镨钕	≥99% Nd₂O₃75%	336.7	335.0	362.0	350.3	334.9	342.1
镨钕金属	≥99% Nd75%	427.9	435.0	459.0	448.0	426.1	435.3
产品名	纯度	7 月	8 月	9 月	10 月	11 月	12 月

产品名	纯度	1月	2月	3月	4月	5月	6月
氧化镧	≥99%	14.02	14.00	14.00	13.83	12.50	12.50
氧化铈	≥99%	14.05	14.00	14.00	13.86	12.50	12.50
氧化镨	≥99%	421.14	418.00	418.00	410.17	405.00	405.00
氧化钕	≥99%	323.68	317.78	317.29	314.33	312.05	315.57
氧化钐	≥99.9%	14.00	14.00	14	13.61	11.00	11.00
氧化铕	≥99.99%	346.82	313.48	310.00	308.89	287.05	275.00
氧化钆	≥99%	134.16	129.65	131.29	131.83	127.91	131.24
钆铁	≥99% Gd75%±2%	137.50	137.50	137.50	137.31	133.55	140.81
氧化铽	≥99.9%	2980.45	2908.70	2913.33	2916.67	2924.55	2977.14
氧化镝	≥99%	1155.23	1141.26	1145.76	1147.22	1153.59	1225.48
镝铁	≥99% Dy80%	1165.45	1160.00	1161.67	1167.22	1168.18	1224.76
氧化钬	≥99.5%	406.36	405.00	394.29	378.33	362.73	346.90
钬铁	≥99% Ho80%	430.45	430.00	419.29	399.17	385.68	373.57
氧化铒	≥99%	168.09	163.00	163.00	159.11	157.32	153.00
氧化铥	≥99.99%	190.00	190.00	190.00	190.00	190.00	190.00
氧化镥	≥99.9%	5195.45	4300.00	4300.00	4300.00	4300.00	4300.00
氧化钇	≥99.999%	21.00	21.00	21.00	21.00	21.00	21.00
氧化镨钕	≥99% Nd₂O₃75%	328.86	324.48	325.24	318.94	316.00	318.05
镨钕金属	≥99% Nd 75%	426.23	415.83	415.93	408.64	406.32	408.05

数据来源：稀土行业协会，赛迪智库整理，2019年1月。

与历史价格相比，2018年，氧化钕、氧化钬、钬铁、氧化镨钕和镨钕金属的平均价格均超过了2014年的平均价格（见表7-4）。

表7-4　2014年我国具体稀土产品平均价格比较（单位：元/公斤）

产品名	2014	2015年	2016年	2017年	2018年
氧化镧	18.8	11.5	11.8	15.1	14.5
氧化铈	18.3	10.6	10.4	13.7	15.0
氧化镨	545.1	330.5	314.2	426.1	425.0
氧化钕	303.1	247.1	259.5	334.7	327.9

产品名	2014	2015 年	2016 年	2017 年	2018 年
氧化钐	20.2	15.4	14.1	13.1	13.5
氧化铕	3453.7	1215.1	586.3	562.4	352.5
氧化钆	132.0	69.4	71.7	92.9	125.0
钆铁	147.5	84.3	86.0	112.6	133.5
氧化铽	3073.4	2865.9	2665.6	3404.4	3006.1
氧化镝	1617.3	1371.5	1259.3	1217.0	1170.3
镝铁	1524.0	1412.9	1277.3	1235.9	1188.1
氧化钬	345.0	220.8	269.7	415.3	403.2
钬铁	363.1	232.0	285.0	426.6	418.7
氧化铒	310.8	213.3	185.2	178.7	169.4
氧化镱	287.5	175.3	190.0	190.0	190.0
氧化镥	7681.3	5418.0	5325.0	5325.0	4887.1
氧化钇	48.2	29.7	26.9	25.2	21.0
氧化镨钕	312.9	247.9	258.2	342.0	332.7
镨钕金属	401.8	321.4	330.6	442.9	426.0

数据来源：根据稀土行业协会数据整理，2019 年 1 月。

三、企业盈利普遍较好

根据稀土上市公司已公布的 2018 年第三季报显示，厦门钨业的主营业务收入及利润总额均为最高，其中，实现营业收入 141.4 亿元，同比增长 39.41%，实现利润总额 9.01 亿元，同比下降 12.37%。6 家稀土集团中只有五矿稀土利润总额实现增长，其余三家利润总额均为负增长。其中，北方稀土实现营业收入 93.17 亿元，同比增长 31.34%，实现利润总额 5.65 亿元，同比下降 26.6%；广晟有色实现营业收入 15.91 亿元，同比下降 60.39%，实现利润总额 −1.62 亿元，同比下降 575.69%；五矿稀土实现营业收入 5.9 亿元，同比下降 2.78%，实现利润总额 0.79 亿元，同比增长 44.89%。稀土深加工应用企业则普遍盈利状况较好。其中横店东磁所获利润总额为最高（见表 7-5）。

表 7-5 稀土上市公司 2018 年前三季度业绩比较

上市公司	营业收入（亿元）	营业收入同比增长（%）	利润总额（亿元）	利润总额同比增长（%）
北方稀土	93.17	31.34	5.65	−26.6
广晟有色	15.91	−60.39	−1.62	−575.69

续表

上市公司	营业收入（亿元）	营业收入同比增长（%）	利润总额（亿元）	利润总额同比增长（%）
厦门钨业	141.4	39.41	9.01	-12.37
五矿稀土	5.9	-2.78	0.79	44.89
中科三环	30.08	8.48	3.19	2.27
宁波韵升	15.37	13.28	0.74	-79.27
正海磁材	11.66	56.16	0.55	392.1
银河磁体	4.61	23.2	1.46	-16.52
中钢天源	9.62	11.8	1.23	28.03
横店东磁	45.55	4.56	5.89	23.98
科恒股份	16.46	24.68	0.53	-65.15

数据来源：根据 wind 上市公司数据整理，2019 年 1 月。

受益于新能源汽车、节能家电、工业机器人等领域的快速发展，2018 年 1—10 月，稀土永磁材料行业保持了较好发展势头，产量平稳增长，中高端产品占比接近 60%。其中，烧结钕铁硼毛坯产量 12.95 万吨，同比增长 5%；粘接钕铁硼、钐钴磁体产量分别为 0.55 万吨、0.21 万吨，与 2017 年同期持平。前三季度，主要稀土磁性材料上市公司中的中科三环、正海磁材、金力永磁分别实现利润 1.88 亿元、0.58 亿元、1.15 亿元，正海磁材净利增幅达 15 倍。

四、进出口贸易向好

从出口数据看，近几年，我国稀土出口量呈连年增长态势，而出口额则逐渐下降。2017 年我国稀土出口额从 2013 年以来首次实现正增长。此外，从出口结构看，约 70%为轻稀土镧和铈类。从 2014 年到 2018 年，中国稀土氧化物（及氧化物等价物）出口增长 91.7%，从 27769 吨增加到 53031.4 吨。2018 年，中国稀土出口总量 53031.4 吨，同比增长 3.6%；出口总额 5.145 亿美元，同比增长 23.7%（见表 7-6），表明 2018 年整体出口数量和金额均表现为上涨态势（见图 7-2、图 7-3）。

根据《财政部、税务总局关于调整部分产品出口退税率的通知》（财税〔2018〕123 号）有关产品出口退税率调整规定，稀土的永磁铁及磁化后准备制永磁铁的物品退税 16%。

表 7-6　2018 年稀土产品出口情况

年月	出口量（吨）	同比	出口额（百万美元）	同比	出口均价（美元/吨）
2018 年 1 月	3889.7	−15.1%	35.8	8.4%	9203.8
2018 年 2 月	4451.3	35.2%	38.7	91.6%	8694.1
2018 年 3 月	4180.1	−10.9%	44.8	10.6%	10717.4
2018 年 4 月	3873.8	−23.6%	44.8	9.5%	11564.9
2018 年 5 月	4447	3.6%	43.4	26.2%	9759.4
2018 年 6 月	5455.5	27.2%	49.5	42.7%	9073.4
2018 年 7 月	4529.2	4.0%	37.3	34.7%	8235.4
2018 年 8 月	4314.4	3.1%	51.7	53.2%	11983.1
2018 年 9 月	4950.6	33.3%	46.1	17.1%	9312.0
2018 年 10 月	3100.1	−10.6%	38.2	8.3%	12322.2
2018 年 11 月	4610.4	12.4%	44.9	15.8%	9738.9
2018 年 12 月	5421.4	5.1%	44.6	15.8%	8226.7
合计	53031.4	3.6	514.5	23.7	9701.9

数据来源：根据中商产业研究院数据库整理，2019 年 1 月。

图 7-2　2012—2018 年稀土产品出口量及增长率

（数据来源：根据 wind 上市公司数据整理，2019 年 1 月）

图 7-3 2016—2018 年中国稀土产品出口平均月度单价（单位：美元/千克）

（数据来源：根据稀土产业研究数据整理，2019 年 1 月）

中国对美国的稀土冶炼分离产品的出口量占总出口量的近 30%，预计 2018 年全年对美出口量约 1.4 万吨，基本与上年持平，近年来我国对美国稀土永磁体的出口量约占我国出口总量的 11%。2018 年前 9 个月我国对美国的稀土永磁体出口量达到 3000 吨以上，接近 2017 年全年水平。预计 2018 年全年对美稀土永磁体的出口量将超过 2017 年，接近 4000 吨。

美国稀土消费对外依存度较高。从目前全球的稀土生产来看，短期内没有任何一个国家或地区可以完全取代中国对美国的稀土供应，催化剂是美国最大的稀土应用领域，从我国进口的稀土产品主要以镧系产品为主。

日本的三大稀土应用分别为磁性材料、催化剂和电池。中国稀土金属及合金出口量的近 70%出口至日本，品种以镧、钕为主。中国铽、镝产品出口量的 90%出口至日本。

从进口情况来看，从东南亚稀土矿进口继续增长，莱纳斯生产的镨钕产品进口至中国补充镨钕供应。2018 年 1—11 月进口稀土金属矿合计 26965.4 吨，价值 4892 万美元（合人民币约 3.24 亿元），平均每月进口 2451.4 吨。主要来自美国、肯尼亚、泰国、布隆迪、格陵兰、毛里塔尼亚、蒙古和澳大利亚共八个国家，其中从美国进口占 95.36%。预计全年进口可达 2.95 万吨。进口均价 1.81 美元/公斤，相当于人民币 12.28 元/公斤，即 1.2 万元/吨（见表 7-7）。

表 7-7　　2018 年 1—11 月进口稀土金属矿

商品	国家	进口量	单位	进口额（美元）	均价（美元/公斤）
25309020 稀土金属矿	美国	25714548	千克	45670171	1.78
25309020 稀土金属矿	肯尼亚	423165	千克	981590	2.32
25309020 稀土金属矿	泰国	420000	千克	1381102	3.29
25309020 稀土金属矿	布隆迪	404140	千克	889062	2.20
25309020 稀土金属矿	格陵兰	1790	千克	611	0.34
25309020 稀土金属矿	毛里塔尼亚	1000	千克	1445	1.45
25309020 稀土金属矿	蒙古	503	09 千克	1776	3.53
25309020 稀土金属矿	澳大利亚	300	09 千克	1301	4.34
合计		26965446		48927058	1.81

数据来源：根据稀土产业研究数据整理，2019 年 1 月。

第二节　需要关注的几个问题

一、元素应用不平衡问题亟待解决

2018 年，稀土功能材料均有不同幅度的增长，其中，磁材和催化材料增长 5%，抛光增长 27%，合金增长 11%，储氢增长 8%，LED 增长 90%。国内生产 14 万吨钕铁硼，稀土矿供应至少要达到 17.5 万吨，而其中的 70%约 12.6 万吨为镧铈产品。全球镧铈的市场需求不超过 6 万吨/年，因此，造成镧铈产品大量积压，同时每年积压 1 万吨左右的氧化钇，元素应用不平衡问题亟待解决。

二、深加工应用发展仍需加强

虽然我国在稀土深加工应用方面取得了长足的进步和提高。但是仍然面临应用领域技术不足问题，无法使稀土附加值最大化，在稀土陶瓷、稀土晶体等方面落后于日美等发达国家，在稀土医疗、稀土制药、传感器等方面仍存在大量研发空白。同时，我国稀土应用开发领域存在技术与应用严重脱节项目，高校开发的大量稀土应用研发成果无法产业化，无法转化为生产力。

三、行业法律法规缺失还需完善

美国、澳大利亚和加拿大这样的矿产资源大国，都有一套完善的矿产资源法律法规。各级政府的严格执行，管理的高效透明，保证了国家对资源政策的宏观调控。我国是稀土矿产资源丰富的国家，但在稀土资源管理方面的法律有待完善，在执行力度方面更有待加强。建议有关部门，能够尽快建立健全稀土资源开采、生产、储备方面的法规法律，尽快出台《稀有金属管理条例》，加强监管，保证我国作为稀土大国的优势，并不断提升在国际市场上的竞争力。

四、秩序整顿专项督查持续常态化

为进一步深化部门协作配合，切实落实地方政府的监管职责，保持对稀土违法违规行为的高压态势，从2018年开始由稀有金属部际协调机制成员单位联合组织对重点稀土产区的秩序整顿工作开展情况进行督查，形成由工信部、发改委、自然资源部等多个部委组成的督查组，针对内蒙古、江苏、福建、江西、湖南、广东、广西、四川8个省（区）开展督查。

五、国际贸易摩擦影响利弊兼具

一是全球经济下行风险增大。主要经济体工业生产由较快增长转为平稳增长，全球宏观经济政策支撑经济增长的力度减弱，而抑制作用明显增强，"十三五"后期我国稀土行业发展面临的国际工业经济形势日趋严峻。

二是贸易保护主义威胁全球贸易稳定增长。近年来，随着一些国家"逆全球化"思潮涌动，贸易保护主义抬头，对外贸易政策更加保守，贸易限制措施增多。我国稀土产品对外贸易发展环境更加严峻复杂，原材料产品出口将遇到更大困难，但长期来看，会倒逼我国稀土产业由初级产品生产向高附加值产品方向发展。

区域篇

第八章

东部地区

我国东部地区乙烯、苯、甲醇等主要石化化工产品产量同比增加，甲醇价格全年震荡；粗钢产量全国占比略有下降、产品价格震荡运行；十种有色金属产量全国占比同比增加，铜铝铅锌价格高位震荡回落；水泥、平板玻璃产量同比大幅增加，水泥价格震荡上涨但涨幅不大。

第一节　石化化工行业

一、生产情况

2018年1—11月，东部地区乙烯产量为1150.2万吨，较2017年同期的1106万吨，同比增长4%；广东省的乙烯产量最高，超过269万吨，产量增幅较大的地区依次为山东、广东、辽宁、江苏，浙江省的乙烯产量降幅最大，达17.4%。1—9月，东部地区苯产量为463.7万吨，较2017年同期的443.1万吨，同比增长4.6%；其中山东省苯产量最高，超过68万吨，产量增幅最大的省份依次为江苏、山东、辽宁、河北，北京市的产量降幅最大，达12%。1—8月，东部地区甲醇产量为729.7万吨，较2017年同期的695.3万吨，同比增长4.9%；其中山东省的产量最大，占东部地区产量的近65%，产量同比增长16%；大部分省份的甲醇减产，产量降幅最大的省份依次为福建、江苏、上海、河北（见表8-1）。

表 8-1　2018 年东部地区主要石化化工产品生产情况

地区	乙烯（1—11月）		苯（1—9月）		甲醇（1—8月）	
	产量（万吨）	同比（%）	产量（万吨）	同比（%）	产量（万吨）	同比（%）
北京	72.3	-0.3	11.2	-12	—	—
天津	121.9	-0.9	31.1	0.2	18.1	7.7

地区	乙烯（1—11月）		苯（1—9月）		甲醇（1—8月）	
	产量（万吨）	同比（%）	产量（万吨）	同比（%）	产量（万吨）	同比（%）
河北	—	—	57.7	12.6	65	-10.6
辽宁	159.2	12.3	56.7	15.5	1.2	—
上海	158.7	-13.6	63.9	-0.7	51.2	-12.4
江苏	147	11.1	62.2	35.3	21.3	-45.8
浙江	110.1	-17.4	33	-3.1	7.3	-10.9
福建	—	—	35.4	5.3	4.7	-74.6
山东	111.7	20.7	68.1	21.5	473	16
广东	269.3	18.6	34.3	11.4	—	—
海南	—	—	10.1	-20.4	87.9	0
东部地区	1150.2	4	463.7	4.6	729.7	4.9

数据来源：Wind 数据库，2018 年 12 月。

二、市场情况

2018 年，华东地区煤炭价格指数在 153～166 之间窄幅震荡（见图 8-1）。煤炭作为甲醇生产的主要原料，对甲醇价格产生较大影响。以江苏省为例，2018 年甲醇价格走势与煤炭价格指数走势相近，价格由年初的 3790 元/吨，下降到 3 月的 2760 元/吨，经过一个快速上升和下降的过程后，价格缓慢上升到 10 月的 3550 元/吨，随后大幅下跌到 12 月底的 2290 元/吨（见图 8-2）。

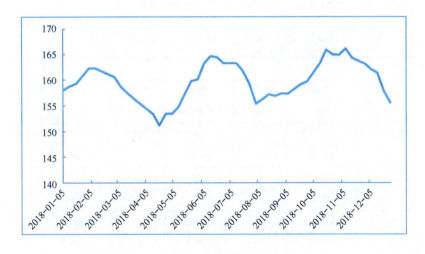

图 8-1　2018 年煤炭价格指数（华东）

（数据来源：Wind 数据库，2018 年 12 月）

图 8-2　2018 年江苏甲醇市场价格走势（单位：元/吨）

（数据来源：Wind 数据库，2018 年 12 月）

第二节　钢铁行业

一、生产情况

2018 年 1—11 月我国东部地区生铁、粗钢和钢材产量分别为 44090.7 万吨、53627.7 万吨和 66446.9 万吨，同比增速分别为 6.4%、10.8%和 3.4%（见表 8-2）。2018 年 1—11 月东部地区生铁、粗钢和钢材产量占全国总产量的比重分别为 62.3%、62.5%和 65.6%，较上年同期略有下降。

表 8-2　2018 年 1—11 月东部地区钢铁生产情况

地区	生铁		粗钢		钢材	
	产量（万吨）	同比（%）	产量（万吨）	同比（%）	产量（万吨）	同比（%）
北京	—	—	—	—	166.1	0.9
天津	1533.1	-1.9	1880.1	9.5	4329.8	6.3
河北	19656.7	17.1	21823	22.7	24627.9	7.2
辽宁	5765	3.1	6263.4	6.7	6294	9.2
上海	1349.4	1.8	1488.1	0.7	1810.9	-4.1
江苏	6284.5	-4.4	9800.9	2.2	11068.3	-1.3
浙江	803.3	2	1164.1	17.6	2785.5	-3.5

续表

地区	生铁		粗钢		钢材	
	产量 （万吨）	同比 （%）	产量 （万吨）	同比 （%）	产量 （万吨）	同比 （%）
福建	898.4	3.5	1910.7	11.9	2652.1	6.8
山东	5957.3	−2.5	6648.3	0.2	8800	2.7
广东	1843.13	−0.6	2649.2	0.5	3912.3	−7.5
海南	—	—	—	—	—	—
东部地区	44090.7	6.4	53627.7	10.8	66446.9	3.4

数据来源：国家统计局，2019 年 1 月。

二、市场情况

2018 年，东部地区螺纹钢价格震荡运行。以直径为 20mm 的 400MPa 螺纹钢价格为例，在 1 季度震荡运行后，价格持续上行，到 10 月末达到高点，2018 年 10 月末，北京、天津、广州、上海和唐山的价格分别为 4725 元/吨、4560 元/吨、5000 元/吨、4700 元/吨和 4440 元/吨。之后价格回落，到 12 月末，北京、天津、广州、上海和唐山的价格降至 3961 元/吨、3730 元/吨、4310 元/吨、3810 元/吨和 3660 元/吨（见表 8-3）。

表 8-3　2018 年东部重点城市 HRB400 20mm 螺纹钢价格（单位：元/吨）

时间	北京	天津	广州	上海	唐山
2017 年 12 月末	4452	4070	5090	4320	4100
2018 年 1 月末	4100	4020	4380	3900	3980
2018 年 2 月末	4297	4140	4470	4100	4090
2018 年 3 月末	3774	3740	3930	3590	3750
2018 年 4 月末	4105	3890	4350	4020	3800
2018 年 5 月末	4076	3910	4270	3910	4050
2018 年 6 月末	4142	3970	4260	4060	4070
2018 年 7 月末	4310	4140	4560	4220	4170
2018 年 8 月末	4530	4460	4760	4490	4360
2018 年 9 月末	4527	4360	4690	4550	4310
2018 年 10 月末	4725	4560	5000	4700	4440
2018 年 11 月末	4006	3640	4390	3880	3530
2018 年 12 月末	3961	3730	4310	3810	3660

数据来源：Wind 数据库，2019 年 1 月。

2018 年，东部地区热轧板卷价格总体震荡下行。以 4.75mm 热轧板卷价格为例，2018 年年底，北京、天津、广州、上海、邯郸的 4.75mm 热轧板卷价格分别为 3620 元/吨、3630 元/吨、3850 元/吨、3640 元/吨和 3640 元/吨，较上年底分别下降了 13.4%、13%、10.5%、14% 和 13.5%（见表 8-4）。

表 8-4　2018 年东部重点城市 4.75mm 热轧板卷价格（单位：元/吨）

时间	北京	天津	广州	上海	邯郸
2017 年 12 月末	4180	4170	4300	4230	4210
2018 年 1 月末	3960	3990	4150	4110	3980
2018 年 2 月末	4120	4100	4240	4170	4170
2018 年 3 月末	3750	3770	3800	3780	3780
2018 年 4 月末	4030	4020	4110	4100	4060
2018 年 5 月末	4130	4150	4290	4240	4130
2018 年 6 月末	4180	4180	4260	4230	4190
2018 年 7 月末	4200	4250	4310	4260	4200
2018 年 8 月末	4320	4320	4420	4360	4280
2018 年 9 月末	4170	4170	4250	4170	4150
2018 年 10 月末	4130	4100	4220	4140	4140
2018 年 11 月末	3500	3450	3600	3580	3580
2018 年 12 月末	3620	3630	3850	3640	3640

数据来源：Wind 数据库，2019 年 1 月。

第三节　有色金属行业

一、生产情况

2018 年，东部地区十种有色金属产量达到 1346.0 万吨，实现同比增长 17.1%，占全国总产量的 23.7%，较上年增加 2.3 个百分点。其中，山东省十种有色金属产量同比增加 9.5%，达到 1048.6 万吨，占东部地区总产量的 77.9%，较上年增加 2.2 个百分点（见表 8-5）。

表 8-5　2018 年东部地区十种有色金属生产情况

地区	2017 年		2018 年	
	产量（万吨）	同比（%）	产量（万吨）	同比（%）
山东	870.8	-11.9	1048.6	9.5
辽宁	98.9	6.9	108.6	10.1
福建	46.2	1.4	47.8	3.4
江苏	43.4	32.2	37.7	9.9
浙江	40.8	3.9	56.4	40.4
广东	38.0	5.1	40.4	-1.5
河北	6.3	-46.8	3.2	-48.7
上海	3.4	-31.5	1.6	-55.5
天津	1.9	106.7	1.7	-11.6
东部地区	1149.7	-6.6	1345.9	17.1

数据来源：Wind 数据库，2019 年 2 月。

二、市场情况

以上海为例，2018 年铜现货平均价格较上年增加 1617 元/吨，达到 50731 元/吨，同比上涨 3.3%。全年最低价为 47680 元/吨，全年最高价为 54700 元/吨。2018 年末铜现货价格为 48080 元/吨，较年初的 54650 元/吨下降 12.0%（见图 8-3）。

图 8-3　东部地区典型城市铜市场价格

（数据来源：Wind 数据库，2019 年 2 月）

2018 年铝现货平均价格较上年降低 223 元/吨，达到 14209 元/吨，同比下降 1.6%。全年最低价为 13550 元/吨，全年最高价为 14920 元/吨。2018 年末铝现货价格为 13700 元/吨，较年初的 14670 元/吨下降 6.6%（见图 8-4）。

图 8-4 东部地区典型城市铝市场价格

（数据来源：Wind 数据库，2019 年 2 月）

2018 年铅现货平均价格较上年增加 795 元/吨，达到 19130 元/吨，同比上涨 4.3%。全年最低价为 18150 元/吨，全年最高价为 21050 元/吨。2018 年末铅现货价格为 18300 元/吨，较年初的 19300 元/吨下降 5.2%（见图 8-5）。

图 8-5 东部地区典型城市铅市场价格

（数据来源：Wind 数据库，2019 年 2 月）

2018 年锌现货平均价格较上年降低 387 元/吨，达到 23520 元/吨，同比下降 1.6%。全年最低价为 20905 元/吨，全年最高价为 26595 元/吨。2018 年末锌现货价格为 21875 元/吨，较年初的 25925 元/吨下降 15.6%（见图 8-6）。

图 8-6　东部地区典型城市锌市场价格

（数据来源：Wind 数据库，2019 年 2 月）

第四节　建材行业

一、生产情况

2018 年 1—11 月，东部地区水泥产量为 74123.2 万吨，从产量来看，最高的为江苏省（12950.9 万吨），最低的为北京市（368.3 万吨），从增速来看，最高的为天津市（49.5%），最低的为江苏省（-7.7%）。平板玻璃产量为 46469.2 万重量箱，产量最高的为河北省（11209.6 万重量箱），增速最高的为海南省（33.1%）（见表 8-6）。

表 8-6　2018 年 1—11 月东部地区主要建材产品生产情况

区域	水泥		平板玻璃	
	产量（万吨）	同比（%）	产量（万重量箱）	同比（%）
北京	368.3	11.6	49.5	4.0
天津	569.4	49.5	3113.4	4.3
河北	8448.1	5.4	11209.6	-3.1
辽宁	3833.5	4.9	4050.0	2.5
上海	369.6	-1.9	0.0	0.0
江苏	12950.9	-7.7	3384.0	-9.8
浙江	11218.8	14.1	3949.3	-5.4
福建	8016.5	9.5	4566.5	4.3

续表

区域	水泥		平板玻璃	
	产量（万吨）	同比（%）	产量（万重量箱）	同比（%）
山东	12150.8	-4.5	6907.3	9.4
广东	14273.0	5.7	8614.2	-3.0
海南	1924.3	13.7	625.5	33.1

数据来源：Wind 数据库，2019 年 1 月。

二、市场情况

2018 年，东部地区水泥价格整体呈现震荡上涨的发展态势，整体涨幅不是太大，其中江苏南京地区涨幅波动最大，11 月份水泥价格较 1 月份上涨 18.8%，天津、石家庄、南京、济南等地涨幅均不超过 10%。从水泥价格来看，价格最高的地区为江苏南京，突破 600 元大关，价格最低的为石家庄（见表 8-7）。

表 8-7　2018 年东部地区水泥价格（单位：元/吨）

	北京	天津	石家庄	上海	南京	济南
1 月	418	431	447	565	511	540
2 月	418	431	447	474	436	521
3 月	420	432	447	420	409	511
4 月	434	434	447	431	438	499
5 月	438	435	447	497	459	493
6 月	450	434	437	480	463	494
7 月	450	425	422	474	463	484
8 月	449	425	413	476	467	492
9 月	450	425	412	506	497	517
10 月	458	435	426	506	510	539
11 月	455	448	441	564	576	555
12 月	469	458	463	594	607	559

数据来源：Wind 数据库，2019 年 1 月。

第九章

中部地区

2008年，我国中部地区乙烯、苯等主要石化化工产品产量同比减少，其中甲醇产量同比增加，甲醇价格震荡下跌；粗钢产量全国占比同比略有下降，螺纹钢和热轧板卷价格震荡运行；十种有色金属产量全国占比同比减少，铜铝铅锌价格震荡回落；水泥产量同比略有增加、平板玻璃同比减少，水泥价格震荡上扬。

第一节　石化化工行业

一、生产情况

2018年1—11月，中部地区乙烯产量为163.8万吨，较2017年同期的183.7万吨同比减少10.8%；1—9月苯产量为112.8万吨，较2017年同期的134.5万吨同比减少16.1%；1—10月甲醇产量为696.1万吨，较2017年同期的681.2万吨同比增加2.2%（见表9-1）。

表9-1　2018年中部地区主要石化化工产品生产情况

地区	乙烯（1—11月）		苯（1—9月）		甲醇（1—10月）	
	产量（万吨）	同比（%）	产量（万吨）	同比（%）	产量（万吨）	同比（%）
山西	—	—	18.7	-3.1	273.1	7
吉林	69	-11.4	17.1	-15	1.2	60.2
黑龙江	94.8	-10.4	12.1	-11.7	32.8	-10.7
安徽	—	—	10.1	3.9	67.2	-6.4
江西	—	—	4.0	25.1	—	—
河南	—	—	16.5	11.1	293.2	8.6
湖北	—	—	30.1	-4.7	28.6	5.7
湖南	—	—	4.2	8.0	—	—
中部地区	163.8	-10.8	112.8	-16.1	696.1	2.2

数据来源：Wind数据库，2018年12月。

二、市场情况

2018 年，华中地区煤炭价格指数由年初的 147.1 震荡上行到 152.08（见图 9-1）。以河南为例，甲醇市场价格由年初的 2995 元/吨震荡下行至年底的 2050 元/吨（见图 9-2）。

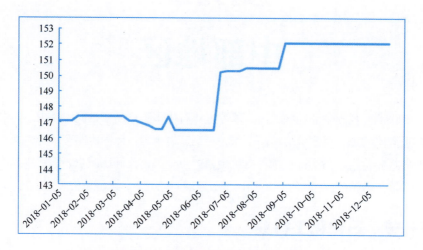

图 9-1　2018 年煤炭价格指数（华中）

（数据来源：Wind 数据库，2018 年 12 月）

图 9-2　2018 年河南甲醇市场价格走势（单位：元/吨）

（数据来源：Wind 数据库，2018 年 12 月）

第二节　钢铁行业

一、生产情况

2018 年 1—11 月，中部地区生铁、粗钢和钢材产量分别为 16719.8 万吨、19652.6 万吨和 20435.5 万吨，其中生铁、粗钢和钢材产量分别实现同比增长 9.4%、13.1% 和 3.1%。2018 年 1—11 月中部地区生铁、粗钢和钢材产量占全国总产量的比重分别为 23.6%、22.9% 和 20.2%，生铁和粗钢占比略有提高，钢材占比略有下降（见表 9-2）。

表 9-2　2018 年 1—11 月中部地区钢铁生产情况

地区	生铁		粗钢		钢材	
	产量（万吨）	同比（%）	产量（万吨）	同比（%）	产量（万吨）	同比（%）
山西	4350.5	20.6	4935.9	23.5	4490	13
吉林	1062	27.6	1101.8	32.3	1192	26.8
黑龙江	628.3	59.4	701.3	9.6	497.4	33.3
安徽	2236.4	6.3	2881.1	9.6	2943.4	-0.8
江西	2000.9	2.5	2269.1	3.5	2333.6	1.2
河南	2351.4	-7.8	2849.4	2.1	3336.5	-15.5
湖北	2302.6	4.2	2810.6	7	3474.3	6
湖南	1787.8	9.4	2103.4	13.3	2168.3	6.2
中部地区	16719.8	9.4	19652.6	13.1	20435.5	3.1

数据来源：国家统计局，2019 年 1 月。

二、市场情况

总体来看，2018 年中部地区螺纹钢价格震荡下行。2018 年年末，武汉、合肥、长沙、郑州和太原直径为 20mm 的 400MPa 螺纹钢价格分别为 3820 元/吨、4070 元/吨、4040 元/吨、3910 元/吨和 3860 元/吨，分别较上年末年下降了 10.8%、10.2%、13.7%、7.4% 和 9.2%（见表 9-3）。

表 9-3　2018 年中部重点城市 HRB400 20mm 螺纹钢价格（单位：元/吨）

时间	武汉	合肥	长沙	郑州	太原
2017 年 12 月末	4280	4530	4680	4220	4250
2018 年 1 月末	3870	4180	4120	4060	4000

时间	武汉	合肥	长沙	郑州	太原
2018 年 2 月末	4170	4370	4380	4360	4250
2018 年 3 月末	3570	3860	3860	3880	3730
2018 年 4 月末	3980	4230	4290	4070	4010
2018 年 5 月末	3890	4160	4230	4010	4000
2018 年 6 月末	4000	4290	4250	4130	4150
2018 年 7 月末	4230	4430	4480	4380	4360
2018 年 8 月末	4450	4640	4690	4610	4620
2018 年 9 月末	4440	4800	4630	4580	4530
2018 年 10 月末	4700	5040	4830	4780	4710
2018 年 11 月末	3860	4160	4150	3880	3810
2018 年 12 月末	3820	4070	4040	3910	3860

数据来源：Wind 数据库，2019 年 1 月。

2018 年，中部地区热轧板卷价格震荡运行。1 月、2 月和 3 月热轧卷板价格震荡下行，进入 4 月后，价格持续上涨，到 8 月下旬达到年内高点，武汉、合肥、长沙、郑州和太原 8 月末的热轧卷板价格分别为 4390 元/吨、4450 元/吨、4470 元/吨、4350 元/吨和 4330 元/吨，之后价格在 11 月末达到年内低点，进入 12 月价格回升。武汉、合肥、长沙、郑州和太原 12 月末的热轧卷板价格分别为 3800 元/吨、3920 元/吨、3860 元/吨、3720 元/吨和 3740 元/吨（见表 9-4）。

表 9-4　2018 年中部重点城市 4.75mm 热轧板卷价格（单位：元/吨）

时间	武汉	合肥	长沙	郑州	太原
2017 年 12 月末	4350	4500	4480	4310	4250
2018 年 1 月末	4100	4280	4250	4050	4030
2018 年 2 月末	4250	4350	4280	4220	4170
2018 年 3 月末	3930	3990	3900	3850	3900
2018 年 4 月末	4150	4250	4220	4120	4060
2018 年 5 月末	4240	4300	4300	4200	4120
2018 年 6 月末	4280	4370	4370	4270	4140
2018 年 7 月末	4320	4390	4280	4280	4250
2018 年 8 月末	4390	4450	4470	4350	4330
2018 年 9 月末	4280	4400	4370	4230	4260

时间	武汉	合肥	长沙	郑州	太原
2018 年 10 月末	4250	4400	4270	4220	4250
2018 年 11 月末	3700	3850	3710	3690	3580
2018 年 12 月末	3800	3920	3860	3720	3740

数据来源：Wind 数据库，2019 年 1 月。

第三节　有色金属行业

一、生产情况

2018 年，中部地区十种有色金属产量较上年减少 144.9 万吨至 1221.3 万吨，同比降低 10.6%，占全国总产量的 21.5%，较上年降低 3.9 个百分点。其中，河南省十种有色金属产量同比减少 3.1%，为 471.0 万吨，占中部地区总产量的 38.6%，较上年降低 1.2 个百分点（见表 9-5）。

表 9-5　2017—2018 年中部地区十种有色金属生产情况

地区	2017 年		2018 年	
	产量（万吨）	同比（%）	产量（万吨）	同比（%）
河南	543.2	−2.9	471.0	−3.1
安徽	221.0	12.8	209.6	18.0
湖南	205.6	−5.2	166.8	−12.5
江西	174.2	16.9	163.7	2.4
山西	132.1	9.7	121.0	−8.2
湖北	77.6	10.5	76.5	−1.3
吉林	12.6	7702.9	12.6	0.3
黑龙江	0.03	−33.8	0	—
中部地区	1366.3	—	1221.3	−10.6

数据来源：Wind 数据库，2019 年 2 月。

二、市场情况

以郑州为例，2018 年铜现货平均价格较上年增加 1521 元/吨，达到 50689 元/吨，同比上涨 3.1%。全年最低价为 47800 元/吨，全年最高价为 54700 元/吨。2018 年末铜现货价格为 48100 元/吨，较年初的 54700 元/吨下降 12.1%（见图 9-3）。

图 9-3 中部地区典型城市铜市场价格

（数据来源：Wind 数据库，2019 年 2 月）

2018 年铝现货平均价格较上年降低 207 元/吨，达到 14239 元/吨，同比下降 1.4%。全年最低价为 13570 元/吨，全年最高价为 14850 元/吨。2018 年末铝现货价格为 13720 元/吨，较年初的 14690 元/吨下降 6.6%（见图 9-4）。

图 9-4 中部地区典型城市铝市场价格

（数据来源：Wind 数据库，2019 年 2 月）

2018 年铅现货平均价格较上年增加 841 元/吨，达到 19270 元/吨，同比上涨 4.6%。全年最低价为 18200 元/吨，全年最高价为 21250 元/吨。2018 年末铅现货价格为 18400 元/吨，较年初的 19500 元/吨下降 5.6%（见图 9-5）。

2018 年锌现货平均价格较上年降低 430 元/吨，达到 23489 元/吨，同比下降 1.8%。全年最低价为 21050 元/吨，全年最高价为 26740 元/吨。2018 年末锌现货价格为 21900 元/吨，较年初的 25920 元/吨下降 15.5%（见图 9-6）。

图 9-5 中部地区典型城市铅市场价格

（数据来源：Wind 数据库，2019 年 2 月）

图 9-6 中部地区典型城市锌市场价格

（数据来源：Wind 数据库，2019 年 2 月）

第四节 建材行业

一、生产情况

2018 年 1—11 月，中部地区水泥产量为 56243.1 万吨，从产量看，最高的为安徽省（11861.9 万吨），最低的为吉林省（1305.4 万吨），从增速看，最高的为山西省（11.1%），最低的为吉林省（-17.3%）。平板玻璃产量为 19182.9 万重量箱，其中产量最高的为湖北省（8457.9 万重量箱），增速最高的为吉林省（35.6%）（见表 9-6）。

表 9-6　2018 年 1—11 月中部地区主要建材产品生产情况

区域	水泥		平板玻璃	
	产量（万吨）	同比（%）	产量（万重量箱）	同比（%）
山西	3805.8	11.1	1975.8	9.6
吉林	1305.4	−17.3	1029.2	35.6
黑龙江	1855.7	−16.9	363.6	−1.5
安徽	11861.9	2.3	3028.3	−14.1
江西	8109.5	4.4	280.1	—
河南	9653.0	0.9	1780.4	−4.4
湖北	9711.8	0.4	8457.9	3.8
湖南	9940.0	1.2	2267.6	−4.1

数据来源：Wind 数据库，2019 年 1 月。

二、市场情况

2018 年，中部地区水泥价格整体呈现震荡上扬的发展态势，其中沈阳价格涨幅最大，12 月份水泥价格较 1 月份涨幅超过 20%，合肥、郑州、长沙等地的水泥价格波动较小，涨幅不足 10%（见表 9-7）。

表 9-7　2018 年中部地区水泥价格（单位：元/吨）

	太原	沈阳	合肥	郑州	武汉	长沙
1 月	347	320	510	532	501	486
2 月	347	317	471	490	483	486
3 月	354	325	424	448	446	486
4 月	344	393	403	432	443	486
5 月	358	452	431	412	470	485
6 月	377	457	437	440	481	483
7 月	377	457	433	414	475	476
8 月	376	398	435	433	487	457
9 月	384	363	450	464	497	481
10 月	397	363	470	483	517	486
11 月	397	365	528	535	545	510
12 月	397	387	545	572	556	509

数据来源：Wind 数据库，2019 年 1 月。

第十章

西部地区

2018 年，我国西部地区乙烯、甲醇等主要石化化工产品产量同比增加，甲醇价格震荡下跌；粗钢产量全国占比略有增加，螺纹钢和热轧卷板价格震荡运行；十种有色金属产量全国占比增加，铜铝铅锌价格高位震荡回落；水泥、平板玻璃产量同比略有下降，水泥价格区域分化明显。

第一节　石化化工行业

一、生产情况

2018 年 1—11 月，西部地区乙烯产量为 179.6 万吨，较 2017 年同期的 179.4 万吨，同比增长 0.1%；1—9 月苯产量为 43.5 万吨，较 2017 年同期的 50.1 万吨，同比减少 13.2%；1—10 月甲醇产量为 2289 万吨，较 2017 年同期的 2169.6 万吨，同比增加 5.5%（见表 10-1）。

表 10-1　2018 年西部地区主要石化化工产品生产情况

地区	乙烯（1—11月）		苯（1—9月）		甲醇（1—10月）	
	产量（万吨）	同比（%）	产量（万吨）	同比（%）	产量（万吨）	同比（%）
内蒙	—	—	6.5	-45.4	774.1	8.2
广西	—	—	—	—	9.3	-16.2
重庆	—	—	3	14.6	185.7	-4.2
四川	—	—	0.9	-8.7	53.1	46.9
贵州	—	—	2.3	45.8	34.9	17.8

地区	乙烯（1—11 月）		苯（1—9 月）		甲醇（1—10 月）	
	产量（万吨）	同比（%）	产量（万吨）	同比（%）	产量（万吨）	同比（%）
云南	—	—	3.3	65.9	32.4	16.9
西藏	—	—	—	—	—	—
陕西	—	—	—	—	428.2	0.7
甘肃	59.0	1.0	10.4	-3.8	43.2	-19.8
青海	—	—	—	—	76.4	-3.3
宁夏	—	—	—	—	527.9	-0.8
新疆	120.6	-0.3	17.1	13.5	123.8	7.9
西部地区	179.6	0.1	43.5	-13.2	2289	5.5

数据来源：Wind 数据库，2018 年 12 月。

二、市场情况

2018 年，西北地区煤炭价格指数由年初的 163.7 震荡上行后下跌至 158 左右，之后呈现先扬后抑趋势，年底涨至 169 左右（见图 10-1）。以宁夏为例，甲醇市场价格由年初的 2700 元/吨，震荡上行后下跌至年底的 1830 元/吨（见图 10-2）。

图 10-1 2018 年煤炭价格指数（西北）

（数据来源：Wind 数据库，2018 年 12 月）

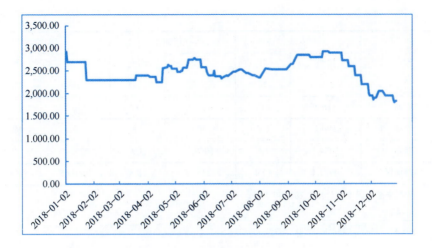

图 10-2 2018 年宁夏甲醇市场价格走势（单位：元/吨）

（数据来源：Wind 数据库，2018 年 12 月）

第二节 钢铁行业

一、生产情况

2018 年 1—11 月，西部地区生铁、粗钢和钢材产量分别为 9974.4 万吨、12456.8 万吨和 14409.5 万吨，生铁、粗钢和钢材分别同比增长了 12.4%、18.8% 和 8.9%。2018 年 1—11 月西部地区生铁、粗钢和钢材产量占全国总产量的比重分别为 14.1%、14.5% 和 14.2%，均略高于上年同期水平（见表 10-2）。

表 10-2 2018 年 1—11 月西部地区钢铁生产情况

地区	生铁		粗钢		钢材	
	产量（万吨）	同比（%）	产量（万吨）	同比（%）	产量（万吨）	同比（%）
内蒙古	1603	14.6	2117.1	18	2078.2	14.1
广西	1311.8	10.2	2053.7	-0.3	2636.6	-12.7
重庆	529.7	53.9	583.9	58.8	1080.4	24.9
四川	1808.2	6.9	2174.3	21	2646.9	19.5
贵州	313.2	-3	383.7	-3.2	503.2	12.4
云南	1429.7	19.3	1753.3	28.2	1755.4	21
陕西	1076.7	3.9	1217	13.3	1333.5	5.3
甘肃	561.3	39	746.4	50.1	764.3	23.5

地区	生铁		粗钢		钢材	
	产量（万吨）	同比（%）	产量（万吨）	同比（%）	产量（万吨）	同比（%）
青海	116.4	29.7	127.9	20.4	136.5	19.2
宁夏	190.1	6.5	230.9	7.8	246.1	19.2
新疆	1034.5	1.6	1068.7	3.9	1228.4	2
西部地区	9974.4	12.4	12456.8	18.8	14409.5	8.9

数据来源：国家统计局，2019 年 1 月。

二、市场情况

2018 年，西部地区螺纹钢价格震荡运行。以直径为 20mm 的 400MPa 螺纹钢价格为例，第一季度西部地区螺纹钢震荡下行，进入 4 月后价格持续上涨，到 10 月末，价格达到年内高点，重庆、成都、贵阳、昆明、西安、兰州和乌鲁木齐 10 月末螺纹钢的价格分别为 4860 元/吨、4860 元/吨、4830 元/吨、5070 元/吨、4730 元/吨、4610 元/吨、4200 元/吨，之后价格回落，到 12 月末重庆、成都、贵阳、昆明、西安、兰州和乌鲁木齐螺纹钢的价格分别为 4120 元/吨、4100 元/吨、4250 元/吨、4790 元/吨、3810 元/吨、3900 元/吨、4010 元/吨（见表 10-3）。

表 10-3　2018 年西部重点城市 HRB400 20mm 螺纹钢价格（单位：元/吨）

时间	重庆	成都	贵阳	昆明	西安	兰州	乌鲁木齐
2017 年 12 月末	4520	4580	4790	5190	4170	4410	4360
2018 年 1 月末	4120	4110	4300	4850	4010	4170	4220
2018 年 2 月末	4410	4430	4480	4960	4240	4300	4270
2018 年 3 月末	3740	3730	3900	4550	3730	3760	3950
2018 年 4 月末	4180	4200	4270	4790	4050	4010	3910
2018 年 5 月末	4260	4310	4350	4820	4010	4070	3830
2018 年 6 月末	4240	4210	4380	4800	4150	4170	3880
2018 年 7 月末	4360	4380	4470	4810	4340	4330	3910
2018 年 8 月末	4550	4470	4670	4960	4490	4540	4190
2018 年 9 月末	4500	4490	4450	4840	4490	4490	4340
2018 年 10 月末	4860	4860	4830	5070	4730	4610	4200
2018 年 11 月末	4130	4240	4310	4740	3920	4040	4130
2018 年 12 月末	4120	4100	4250	4790	3810	3900	4010

数据来源：Wind 数据库，2019 年 1 月。

2018 年，西部地区热轧板卷价格震荡下行。以 4.75mm 热轧板卷为例，西部地区第一季度价格震荡下行，进入 4 月后价格持续上涨，8 月下旬出现年内高点，重庆、成都、昆明、西安、兰州和乌鲁木齐 8 月末的价格分别为 4390 元/吨、4530 元/吨、4550 元/吨、4350 元/吨、4450 元/吨和 4570 元/吨，之后价格回落，到 12 月末，重庆、成都、昆明、西安、兰州和乌鲁木齐的价格分别为 3830 元/吨、3830 元/吨、3930 元/吨、3740 元/吨、3650 元/吨和 3860 元/吨（见表 10-4）。

表 10-4　2018 年西部重点城市 4.75mm 热轧板卷价格（单位：元/吨）

时间	重庆	成都	昆明	西安	兰州	乌鲁木齐
2017 年 12 月末	4590	4580	4630	4280	4400	4480
2018 年 1 月末	4230	4280	4420	4090	4250	4400
2018 年 2 月末	4380	4480	4480	4240	4270	4400
2018 年 3 月末	3870	3950	4110	3860	4030	4150
2018 年 4 月末	4240	4280	4330	4170	4100	4220
2018 年 5 月末	4280	4360	4410	4240	4220	4300
2018 年 6 月末	4300	4380	4460	4350	4270	4320
2018 年 7 月末	4300	4400	4420	4420	4270	4420
2018 年 8 月末	4390	4530	4550	4350	4450	4570
2018 年 9 月末	4250	4360	4440	4120	4330	4600
2018 年 10 月末	4180	4270	4330	4070	4250	4570
2018 年 11 月末	3650	3780	3900	3670	3730	4020
2018 年 12 月末	3830	3830	3930	3740	3650	3860

数据来源：Wind 数据库，2019 年 1 月。

第三节　有色金属行业

一、有色金属产量同比增加

2018 年，西部地区十种有色金属产量较上年增加 258.7 万吨至 3119.7 万吨，同比增长 9.0%，占全国总产量的 54.9%，较上年增加 1.6 个百分点。其中，新疆十种有色金属产量位居西部首位，共计 642.1 万吨，同比减少 3.3%，占西部地区十种有色金属总产量的 20.6%。内蒙古、广西、贵州、四川等省市产量增速较快（见表 10-5）。

表 10-5　2018 年西部地区十种有色金属生产情况

地区	2017 年		2018 年	
	产量（万吨）	同比（%）	产量（万吨）	同比（%）
新疆	663.9	1.8	642.1	-3.3
甘肃	398.6	6.4	410.5	3.0
云南	372.7	4.7	356.6	0.8
内蒙古	355.0	6.8	548.4	20.0
青海	238.1	2.7	249.6	5.4
陕西	232.6	1.4	197.9	-9.8
广西	230.0	27.4	309.6	54.1
宁夏	132.8	10.6	135.0	1.4
贵州	109.3	53.5	132.7	20.5
四川	67.8	24.5	79.8	15.8
重庆	60.2	8.9	57.7	3.8
西藏	0	0	0	0
西部地区	2861.0	—	3119.7	9.0

数据来源：Wind 数据库，2019 年 2 月。

二、铜铝铅锌价格高位震荡回落

以西安为例，2018 年铜现货平均价格较上年增加 1614 元/吨，达到 50647 元/吨，同比上涨 3.3%。全年最低价为 47700 元/吨，全年最高价为 54700 元/吨。2018 年末铜现货价格为 48060 元/吨，较年初的 54700 元/吨下降 12.1%（见图 10-3）。

图 10-3　西部地区典型城市铜市场价格

（数据来源：Wind 数据库，2019 年 2 月）

2018 年铝现货平均价格较上年降低 175 元/吨，达到 14236 元/吨，同比下降 1.2%。全年最低价为 13570 元/吨，全年最高价为 14840 元/吨。2018 年末铝现货价格为 13760 元/吨，较年初的 14700 元/吨下降 6.4%（见图 10-4）。

图 10-4　部地区典型城市铝市场价格

（数据来源：Wind 数据库，2019 年 2 月）

2018 年铅现货平均价格较上年增加 819 元/吨，达到 19052 元/吨，同比上涨 4.5%。全年最低价为 18150 元/吨，全年最高价为 21050 元/吨。2018 年末铅现货价格为 18400 元/吨，较年初的 19310 元/吨下降 4.7%（见图 10-5）。

图 10-5　西部地区典型城市铅市场价格

（数据来源：Wind 数据库，2019 年 2 月）

2018 年锌现货平均价格较上年降低 366 元/吨，达到 23480 元/吨，同比下降 1.5%。全年最低价为 20800 元/吨，全年最高价为 26620 元/吨。2018 年末锌现货价格为 21850 元/吨，较年初的 25900 元/吨下降 15.6%（见图 10-6）。

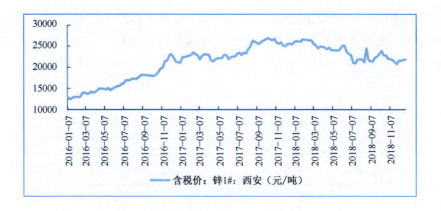

图 10-6　西部地区典型城市锌市场价格

（数据来源：Wind 数据库，2019 年 2 月）

第四节　建材行业

一、生产情况

2018 年 1—11 月，西部地区水泥产量为 69481.7 万吨，从产量看，最高的为四川省（12742.8 万吨），最低的为西藏自治区（887 万吨），从增速看，最高的为西藏自治区（43.8%），最低的为宁夏回族自治区（-20.8%）。平板玻璃产量为 13589.9 万重量箱，其中产量最高的为四川省（4928.5 万吨），增速最高的为云南省（85.3%）（见表 10-6）。

表 10-6　2018 年 1—11 月西部地区主要建材产品生产情况

区域	水泥		平板玻璃	
	产量（万吨）	同比（%）	产量（万重量箱）	同比（%）
内蒙	2820.6	-6.1	951.6	4.7
广西	10556.3	7.5	344.0	26.4
重庆	5886.5	7.3	1317.6	-0.4
四川	12742.8	7.7	4928.5	-0.6
贵州	10039.9	4.9	1511.0	9.9
云南	10638.3	7.2	899.5	85.3
西藏	887.0	43.8	0.0	0.0
陕西	5718.8	-2.1	1943.0	-1.0
甘肃	3710.9	-4.6	489.0	3.9

续表

区域	水泥		平板玻璃	
	产量（万吨）	同比（%）	产量（万重量箱）	同比（%）
青海	1308.6	0.5	314.7	14.7
宁夏	1686.3	−20.8	376.6	52.6
新疆	3485.7	−20.1	514.4	−25.8

数据来源：Wind 数据库，2019 年 1 月。

二、市场情况

2018 年，西部地区水泥价格分化较为明显，内蒙呼和浩特、广西南宁等地整体呈现震荡上扬的发展态势，其中内蒙呼和浩特地区水泥价格涨幅最大，12月份水泥价格较 1 月份涨幅为 21.7%，云南昆明、陕西西安等地则呈现小幅回落的发展态势。从水泥价格来看，价格最高的为陕西西安市，价格最低的为内蒙呼和浩特市（见表 10-7）。

表 10-7　2018 年西部地区水泥价格（单位：元/吨）

	呼和浩特	南宁	重庆	成都	昆明	西安
1 月	277	349	445	461	416	700
2 月	257	349	434	453	400	700
3 月	275	348	429	458	388	700
4 月	313	351	430	480	401	700
5 月	370	364	425	481	409	700
6 月	427	384	420	478	408	700
7 月	427	390	423	472	400	700
8 月	409	386	428	477	367	696
9 月	367	380	434	501	373	690
10 月	347	392	456	504	374	690
11 月	347	400	476	535	392	686
12 月	337	400	478	541	395	686

数据来源：Wind 数据库，2019 年 1 月。

园 区 篇

第十一章

石化化工行业重点园区

"十三五"是我国石油化工行业推行供给侧结构性改革的关键时期，也是由石油大国向石油强国转变的重要时期。2018 年，各个石化园区响应国家经济转型的改革号召，建设亮点突出。南京化工园区是以发展石油化工、基本有机化工、精细化工、高分子材料、新型化工材料为主，形成了以乙烯、醋酸、氯化工为三大支柱的产业。北京石化新材料化学工业园区是形成了以电子信息材料、磁性材料、生物医用材料、节能环保材料、高性能结构材料、新能源材料等为重点的新材料产业基地，基地研发实力雄厚，创新能力强，是全国重要的新材料产业基地聚集区之一。

第一节　南京化工园区

一、园区概述

南京化学工业园区于 2001 年 10 月经国家批准成立，主要以发展石油化工产业为主。园区位于中国经济最发达的长江三角洲区域内，距离南京市区北部30 公里。园区位于长江北岸，分为长芦、玉带两大片区，园区总规划开发面积45 平方公里。长芦区域规划面积为 26 平方公里，园区内建有科技部国家火炬计划——南京精细化工产业基地，主要包括各类化工企业，涵盖石油化工、高分子材料、医药化工、精细化工、林产化工等领域，其中扬子石化、扬子巴斯夫等一体化工程占地 10 平方公里。玉带片区规划面积 19 平方公里，拟建设多个大型石化联合项目，并依托沿长江深水岸线建设西坝港区与通江集辅助港区，形成化工物流基地。

南京化学工业园区位于公路、铁路、水路、管道、航空交通枢纽的位置，交通便利。园区也位于多条高速公路的中心枢纽位置，还有直达韩国、日本、中国香港地区等 78 个国家和地区的 188 个港口的 10 多条国际水上航线，已建成西接宁启铁路殷庄站，东至西坝港区，全长 21.7 公里，设计年运力达 440 万吨，贯穿园区两大片区的专用铁路，毗邻南京禄口国际机场和上海浦东国际机场，拥有年输油能力 2000 万吨的鲁宁输油管线和年输油能力 2500 万吨的甬—沪—宁输油管线，在长芦片区沿主要干道及部分次要道路已建成可供企业架设原料管线进入界区的 30 公里长工业管廊。

二、入驻企业

目前，园区产业区累计投入完成 2000 多亿元，建成投产各类企业 148 家。园区主要入驻的国内企业有中石化下属扬子石化、南化公司，中国化工建设集团，国外企业有美国赛拉尼斯、纳尔科、赫克力士，德国瓦克，荷兰 DSM，瑞士龙沙，日本三凌瓦斯、伊藤忠等，并且基本形成了聚氨酯原材料群、橡胶及弹性体集群和合成树脂集群等三大产业集群，重点发展石油与天然气、基本有机化工原料、精细化工、高分子材料、生命医药、新型化工材料等六大领域的系列产品。

三、发展经验

一方面是坚持循环经济标准化发展模式。南京化工园区根据自身需求定制循环经济标准，建立了循环经济标准化工作体系、推进模式及重要的政策、管理保障措施，实现了良好的经济、环境和社会效益。

另一方面坚持绿色化工的发展理念。园区始终把坚持发展绿色化工、建设生态园区、实现可持续发展作为各项工作的基础，不断完善和强化园区内企业的清洁生产审核，形成了以点带面的园区特色循环经济模式。

第二节　北京石化新材料化学工业园区

一、园区概述

北京石化新材料科技产业基地（以下简称"石化新材料产业基地"），是 2009 年在国务院提出调整和振兴石化产业发展的背景下，为了深化燕房合作，由北京市委、市政府重点推进建设的化工新材料基地。石化新材料产业基地位于北京市西南燕房卫星城东部，基地是北京市和中石化进行战略合作的重要基地。基地初期规划总面积约 30 平方公里，主要生产专用化品和化工新材料产品，目前，形成了以炼油、乙烯、合成树脂、合成橡胶、基本有机原料等产业为支撑，涵盖橡塑深加工、特种化学品和化工新材料等化工产业集群。2010年，成为全国首批 62 家新型工业化产业示范基地之一。

石化新材料产业基地主要由核心发展区和产业拓展区两大区域组成。核心发展区由西区和东区组成，西区主要是燕山石化核心板块，立足燕山石化公司产品优势，为新材料产业发展提供充足的原材料。东区主要由精细化工板块、石化新材料板块和重大项目预留板块组成。精细化工板块主要依托燕山石化的原材料优势，重点发展各种高分子材料添加剂、汽车用化学品、绿色溶剂等附加值高、环境友好型的精细化学品；石化新材料板块主要是对燕山石化的原材料以及外购的原材料进行精深加工，生产高端化工产品，产品主要用于办公设备、仪表、航空航天、电子、汽车零件等领域。产业拓展区分为新材料深加工板块和保留板块。新材料深加工板块重点发展附加值高的化工新材料制品，特别是高效、节能、可回收的新材料，产品广泛应用于安全玻璃制造、涂料、印刷油墨、橡胶加工等领域。在产业发展空间之外，基地还建有基地配套服务区。

二、入驻企业

目前，石化新材料产业基地共有 52 个重点项目建成投产，完成投资约139.4 亿元。基地已入驻有国家高新企业 42 家，其中重点企业主要包括中石化润滑油燕化分公司、中石化三菱化学聚碳酸酯（北京）有限公司、中石化催化剂北京燕山分公司、北京华美聚合物有限公司。目前，基地企业拥有专利总数137 个，其中发明专利 59 个，实用新型专利 55 个，软件著作权 23 项，制定各类国家及行业标准 5 项。

三、发展经验

一方面是实行"一基两区"的管理模式。规划基地主要分为以燕山石化核心板块、石化新材料板块和精细化工板块为主的核心发展区和用于新材料深加工板块、保留板块的产业拓展区两个部分。两个板块之间相互融合，实现产业链的纵向发展，提升基地的产业竞争力。在燕山石化核心模块，规划投资 200亿元，形成了以燕山石化公司为核心的粗化工产品企业群，主要为园区其他板块提供生产原料。

另一方面是开展深加工，提高园区产品附加值。利用园区燕山石化核心板块的产品为原料，开展石化新材料板块和精细化工板块深加工，提高园区产品附加值。重点规划建设绿色溶剂 3 万吨/年的 MIBK 生产装置、1 万吨/年的 ACR 生产装置等 6 个产业项目。在新材料深加工板块，是面向首都经济发展需求，积极发展高端、附加值高的具有比较优势和发展潜力的化工新材料制品。重点规划建设 5 万吨/年的工程塑料合金生产装置、10 万吨/年的塑料加工项目等 7 个产业项目。

第十二章

钢铁行业重点园区

现阶段是我国经济结构转型的重要时期，2018 年，我国钢铁行业整体运行平稳、钢铁价格稳定和企业效益进一步改善。经过两年多的供给侧结构性改革，钢铁行业的产能结构得到了很好地优化。各地积极响应党中央对钢铁行业经济转型的战略部署要求，建设综合性、专业性的钢铁聚集生产基地，延伸钢铁产业链，增加产品附加值。比较典型的产业园区有马鞍山钢铁生产基地和攀枝花国家典型生产示范基地。

第一节　马鞍山钢铁生产基地

一、园区概述

马鞍山钢铁生产基地位于安徽省东部的马鞍山市，毗邻南京，紧靠长江三角洲城市群，交通便利，临近宁芜铁矿和淮南、淮北两大产煤基地，依托马鞍山钢铁股份有限公司，形成了机械深加工及成套设备制造、新材料及环保产业等特色产业群体。

基地以生产各种铸造用生铁、铁路运输的火车轮、轮箍、各种异型断面的环形件、各种角钢及中小型钢材等产品为主，是江南重要的生铁基地，1990 年年产生铁 223 万吨、钢 204 万吨、钢材 154 万吨。

二、入驻企业

马鞍山钢铁生产基地是以马鞍山钢铁集团为依托，展开集团钢铁产品的深度加工，通过产业聚集形成的。基地目前形成了汽车及零部件制造、食品及乳制品、机械深加工及成套设备制造、新材料及环保产业等特色产业群体，基地内除马钢公司外，还有美国 KKR、蒙牛乳业、广东科达等一批知名企业入驻。

三、发展经验

一是积极响应国家经济结构转型号召，加快基地结构调整、增强创新驱动，延伸基地产业链。在做精、做强钢铁产业的同时，构建了矿产资源、工程技术、贸易物流、节能环保、金融投资、信息技术、新材料及化工能源、废钢等多元产业协同发展的新格局。

二是不断强化基地的绿化制造水平，开展生态修复、土壤修复、烟气粉尘治理、环境设施专业化运营，并在水处理药剂及工艺化学品开发、环保除尘产品制造等领域形成了自己的核心技术。

第二节　攀枝花国家新型钢铁生产示范基地

一、园区概述

攀枝花国家新型钢铁生产示范基地（以下简称"生产示范基地"），是 2010 年 2 月 2 日工信部授予的首批国家级新型工业化产业示范基地，是围绕钒、钛、磁、铁矿开发利用，以自主创新、综合利用和国家战略金属开发为主线的钢铁钒钛产业的国家新型工业化生产示范基地。生产示范基地位于我国西南地区四川省境内，雅砻江和金沙江交汇处。该地区拥有丰富的航空专用金属钒钛矿资源，还拥有丰富的煤矿和水电能源资源。据探明储存的钒、钛、磁、铁资源共计 200 多亿吨，其中钛储量占全国储量的 93%，全球储量的 32%，居世界第一位；钒储量占全国储量的 63%，居世界第三位。

二、入驻企业

入驻基地的主要企业有：攀钢集团钛业有限公司、攀枝花新中钛科技有限公司、攀枝花钢企欣宇化工有限公司、四川长矶金属工业有限公司、攀枝花钛海科技有限公司、攀枝花大互通钛业有限公司、四川川投化工集团有限公司、攀枝花兴中钛业有限公司。

三、发展经验

一是大力发展钒、钛、磁、铁产业。近年来，生产示范基地积极引导国有和民营企业集群，积极发展钒、钛、磁、铁矿资源综合利用，开启了推动区域产业升级的新进程。

二是全力突破关键技术瓶颈。生产示范基地与科技部、中国科学院、中国工程院等单位共同组建国家级钒钛科技攻关团队，加快钒钛资源综合利用的国家重点实验室、国家钒钛材料工程技术研究中心建设，招标重大科技攻关项目，突破关键技术瓶颈。

三是不断改革创新资源开发保护模式。推进工矿废弃地复垦利用试点工作，健全矿产资源开发的进入和退出机制，积极探索建立资源开发生态补偿新机制，重组上下游关联企业，着力延伸产业链。

第十三章

有色金属行业重点园区

有色金属材料是经济社会发展的基础材料，又是国防军工和新科技革命的战略性材料。2018 年，我国有色金属产业总体发展平稳，有色金属新材料的市场活跃度增强。铜陵经济技术开发区依托自身雄厚的铜原材料产业基础，加快拓展产业链步伐，积极在电子信息产业、新能源汽车等下游领域布局，增加产品价值，实现了产业快速发展。宝鸡高新技术产业园区依托自身钛材料产业优势，初步形成了钛及钛合金新材料、汽车及零部件、石油钻采设备、高速铁路装备、电子信息装备、中低压输配电设备、机床工具制造七大产业集群。

第一节　国家级铜陵经济技术开发区

一、园区概述

铜陵经济技术开发区（以下简称"经开区"）是 1992 年 7 月建立，1993 年 5 月由安徽省人民政府批准的省级经开区。2011 年 4 月，经开区晋升为国家级开发区，2015 年 7 月成为安徽省首批战略性新兴产业聚集发展基地。经开区地处长三角城市群、长三角经济圈和武汉经济圈三地的交汇处，交通便利，临近南京禄口、合肥新桥机场、沪蓉与京台高速、京福高铁与宁安城际铁路在此十字交汇，距离九华山机场 20 公里，附近有国家首批对台直航港口和万吨级海轮进江终点港，港口年吞吐量亿吨以上。

经开区具有完善的配套设施，规划面积 40 平方公里，已完成开发建设 30 平方公里。建设有污水处理厂 2 座，配有区域专用铁路线和码头，以及保税仓库、物流、医院、学校等服务机构；建有中小企业标准化厂房35万平方米、科技孵化器 8 万平方米、员工公寓 7 万平方米。经开区内拥有 27 个国家和省级研发机构，拥有一批享受国务院特殊津贴及国家千人计划的全国知名铜产业领域权威专家。在教育方面，经开区区域内建有铜陵学院、职业技术学院、安工学院、技师学院等。

经开区不断强化科技服务能力，已为国家级循环经济试验园、国家火炬计划电子材料产业基地、国家 863 计划铜陵电子材料成果转化基地、国家电子材料产业园、国家新型工业化产业示范基地和国家专利产业化试点基地。近年来，经开区不断加强自主创新体系建设，强化科技转化服务能力。目前，经开区内已有 56 户高新技术企业，25 家省级企业技术中心和工程研究中心、1 家国家级有色铜加工工程技术研究中心。同时，经开区还建有国家级 PCB 检测中心、国家铜锌质检中心的国家级公共服务平台。

二、入驻企业

经开区目前已入驻 1300 余家企业，其中 2 家百亿级企业、3 家上市公司，13 家三板或四板挂牌企业。经开区形成了以铜基新材料产业为主导，电子信息材料、先进装备制造为支撑的三大战略性新兴产业集群，新能源汽车、电子通信、冶金化工等产业快速崛起。主要企业有奇点汽车、铜陵有色、艾伦塔斯、正威集团、华源麻业等。

三、发展经验

面对国内产业发展需求，依托自身铜资源优势，不断做深产业链。为了优化产品结构，迎合国内电子信息产业发展需求，经开区在铜材料产业基础上，积极增添布局下游产业，2018 年，引进了一批电子信息产业领域的重点项目。主要包括北大青鸟投资 5 亿元的 10 万片氮化镓晶圆片项目、铜化聚苯硫醚和聚酰胺切片项目等。

第二节　宝鸡国家高新技术产业开发区

一、园区概述

宝鸡高新技术产业开发区（以下简称"宝鸡高新区"）是 1992 年 11 月经国务院批准设立的国家级高新技术产业开发区，也是目前西部地区唯一的、经科技部批复同意建设的国家创新型科技园区。经过多年的快速发展，目前，建成区面积 45 平方公里，规划面积 100 平方公里，由科技创业园、高新东区（含宝鸡南客站片区）、科技新城和千河工业园四大区域组成。下设 6 个镇，辖区常住人口约 42 万人，注册企业 8000 多户。

目前，宝鸡高新区初步形成了钛及钛合金新材料、汽车及零部件、石油钻采设备、高速铁路装备、电子信息装备、中低压输配电设备、机床工具制造等七大产业集群。先后被国家发改委授予"国家新材料高技术产业基地"，科技部授予"国家火炬计划钛产业基地""国家钛材料高新技术产业化基地""国家火炬计划石油装备特色产业基地""国家火炬计划重型汽车及零部件特色产业基地"；商务部、科技部授予"国家科技兴贸创新基地""中国钛谷产业集群"等，是全国 50 多个产业集群试点之一。

二、入驻企业

宝鸡高新区依托其钛合金产业优势，已经建成亚太地区最大的真空断路器生产基地、石油钢管生产基地和纺织电子仪器及设备生产基地，已经成为西北地区最大的专用车生产基地和新型化学建材生产基地。目前，高新区已入驻的国际企业主要有法国施耐德、日本住友、德国西门子等，国内企业主要有秦川发展、宝光股份、宝钛股份、国核锆业等。

三、发展经验

一是实施创新驱动战略。宝鸡高新区始终把创新作为发展核心，全面优化创新生态，推动以科技创新为核心的全面创新，不断增强自主创新能力。

二是加快推进治理能力现代化。全面推进依法治区，推动经济体制改革。

三是实施战略支撑工程。推动智慧园区，现代物流工程，产城融合示范工程、生态文明示范工程建设。

第十四章

建材行业重点园区

2018 年，建材行业的重点园区主要有重庆荣昌陶瓷产业园区和常州武进绿色建材产业园区。重庆荣昌陶瓷产业园区，依托区域悠久的工艺陶瓷文化，积极打造高端建陶、环保陶瓷，大力发展高精技术和智能化生产的陶瓷产业，形成了综合性的高端陶瓷生产、服务和创新基地。武进绿色建材产业园区，形成了绿色研发、绿色建筑设计、绿色建筑材料生产的全国领先的绿色建筑产业集聚区、建筑科技集成创新区、绿色生活推广示范区、低碳技术国际合作区。

第一节　重庆荣昌陶瓷产业园

一、园区概述

重庆荣昌陶瓷产业园位于重庆市西南的荣昌区，西临四川省的内江市。荣昌地区具有特色的陶土资源。产业园规划总面积 8 平方公里，以建筑陶瓷为特色，园区重点发展环保日用陶瓷、工艺美术陶瓷、高端建筑卫浴陶瓷产业。2018 年经重庆市经信委同意，命名为"重庆市陶瓷产业园"。

二、入驻企业

目前，在荣昌高新区，已有广东唯美陶瓷、北京奥福陶瓷、重庆锦坤陶瓷、重庆恒隆陶瓷、惠达卫浴、广东金意陶陶瓷、日丰企业集团等 68 家企业入驻。

三、发展经验

一是抓技术。促成天津大学、陕西科技大学、景德镇陶瓷大学在荣设立研发中心，为荣昌建筑卫生陶瓷产品设计、研发提供技术保障。鼓励支持唯美、奥福、惠达等陶瓷企业设立自主研发中心，引导企业加大技术创新投入，不断提升自主创新能力。

二是抓品牌。全力办好"中国建筑卫生陶瓷科技大会暨科技发展高层论坛"，积极争取"重庆市陶瓷产业基地"和国家火炬计划中的"高端陶瓷智能制造（火炬）基地"授牌，提升荣昌陶瓷的国内外影响力。

三是抓招商。围绕打造西部陶都发展目标，引进产品附加值高、市场前景广、具有自主知识产权的高新技术陶瓷企业 63 家，其中规模以上企业 25 家，实现陶瓷产业年产值 63.37 亿元。

第二节　常州武进绿色建筑产业园区

一、园区概述

常州武进绿色建筑产业园区（以下简称"武进产业园区"）位于武进中心城区西南部、太湖东岸线，西接西太湖滨湖新城，东靠中心城区，南邻武进高新城区，园区总面积约 15.6 平方公里。一期建设主要包括 10 万平方米的绿色建筑体验馆和绿色建材交易区，8 万平方米的研发中心等。2011 年 8 月，由住房和城乡建设部发函，在常州市武进区设立"绿色建筑产业集群示范区"，2012年 6 月区党工委、管委会正式揭牌。2018 年 11 月，武进产业园区成功入选中国建材园区 20 强。园区主要建设布局为绿色建筑现代服务业聚集区、绿色居住示范区、绿色建材产业园、绿色节能环保设备产业园、绿色建筑工业化产业园、绿色建筑国际交流产业园。

二、入驻企业

截至 2018 年年底，武进工业园区共引进了包括绿色建筑科技研发、绿色建筑设计等领域的生产性服务企业 400 余家，包括万科、招商、中建材等知名企业，注册资金超过 100 亿元，绿色建材、绿色设备、建筑工业化及新能源等绿色建筑产业规模以上企业达到 380 家，产值超过 700 亿元。

三、发展经验

一方面，武进产业园区以"特色发展、先行先试、双轮驱动、引领辐射"

为发展思路，重点以发展绿色建筑科技与服务业、绿色建筑制造业、商贸物流业、会展金融业为支撑，形成了绿色建筑商贸流通、科技研发、产品生产、标准制定、技术服务的活跃区。

另一方面，武进产业园区坚持以核心区集聚资源、集成示范，带动全区提升品质、转型升级，努力打造世界一流的绿色建筑产业集聚区、建筑科技集成创新区、绿色生活推广示范区、低碳技术国际合作区。

第十五章

稀土行业重点园区

自 2018 年初以来，我国稀土行业保持了平稳运行态势，新能源汽车、节能家电、电动工具、工业机器人等为稀土永磁材料行业的发展提供了重要支撑，在此选择福建龙岩稀土工业园区和冕宁稀土高新产业园来重点分析，福建龙岩稀土工业园区通过创新管理模式和以商引商模式，实现园区的迅猛发展，冕宁稀土高新产业园在产品链延伸和绿色制造资源综合利用方面实现了较好的发展。

第一节　福建龙岩稀土工业园区

一、园区概述

福建龙岩稀土工业园区位于福建省长汀县策武镇，园区总规划面积 12.82 平方公里，其中建筑面积 7.98 平方公里，总投资 60 亿元。2010 年 4 月，龙岩市、长汀县、厦门钨业股份有限公司三方共同出资成立稀土工业开发建设有限公司，园区的开发、建设、管理按照市场化方式进行。长汀县把稀土产业作为经济发展的主导产业，园区被列入"双培育"工程，并于 2012 年 1 月升格为省级工业园区。2013 年，获批福建省新型工业化产业示范基地。2018 年，打造成为长汀县两大百亿级产业之一。

二、入驻企业

目前，长汀县共有稀土企业 14 家（含在建），其中规模以上企业 4 家，主要包括全国六家大型稀土集团之一的厦门钨业股份有限公司全资子公司长汀金龙稀土有限公司，世界 500 强日本信越化学株式会社独资公司信越（长汀）科技有限公司、上市央企中石油集团公司、中电科 11 所等企业。

三、发展经验

一方面，不断创新管理模式。建立政府主导控制资源，多县产矿、集中分离、利益共享，以精深加工为导向，统筹配置稀土资源的管理机制，实施对全市稀土资源进行统一规划、统一开采、统一价格、统一收购、统一分配的管理方式，治理小矿山、小分离厂一哄而上的现象，避免资源浪费和重复建设。

另一方面，发展以商引商新模式。利用上下游企业关联关系，加强产业链纵向项目牵线落地。目前，园区的厦门钨业新上钐钴永磁材料项目和钛酸钡粉体项目，成功牵线上海比路电子科技有限公司的智能音圈马达项目。

第二节　冕宁稀土高新产业园

一、园区概述

冕宁稀土高新产业园于 2007 年由凉山州政府批准成立，2012 年，被四川省发改委认定为四川省循环经济示范园区；2014 年，四川省科技厅等七部门批准冕宁稀土高新产业园区为四川省特色高新技术产业化基地。2015 年，冕宁稀土高新产业园区组建凉山稀土产业技术研究院，成为四川省唯一一家稀土专业技术研究机构。研究院由中国工程院院士、材料学专家涂铭旌教授为首席专家，团队总人数 15 人，包括正高级研究员 2 人、副高级研究员 2 人、中级职称 2 人、其他人员 9 人。

交通条件：高速公路北至成都 370 公里，南距州府西昌 58 公里；距西昌青山机场 55 公里；距成昆铁路冕宁火车站 15 公里，距沪雅高速公路沪沽互通站 12 公里。

园区建设共分两期进行，一期规划建设面积 5 平方公里，分为 A、B 两区。A 区是规划面积为 3 平方公里的稀土及伴生矿采选区，该区以江铜集团的规划建设为主；B 区是规划面积为 2 平方公里的稀土精深加工工业区，位于冕宁县复兴镇和石龙乡接合部，该区重点着力拓展稀土及伴生矿精深加工项目，打造稀土配套产业集群。二期规划建设面积 12 平方公里，依托现有园区，将后山乡马鞍山村地块、双河堡子地块和泸沽兴塘工业区及漫水湾北大方正周边纳入园区总体规划。

二、入驻企业

目前园区主要的入驻企业有四川江铜稀土有限责任公司、冕宁茂源稀土科技有限公司、四川万凯丰新能源科技有限公司、冕宁矿业等。

三、发展经验

一是推动产业优化升级。依托稀土资源优势，聚集稀土产业发展，推进稀土产业优化升级，形成稀土高新材料产业发展高地，打造中国西南稀土产业基地。

二是实施绿色发展，强化资源的综合利用。园区在积极开展产业链延伸的同时，又强化区域资源综合利用，不断开展冶炼分离、单一混合金属、合金材料、磁材、电池、电动车、萤石、重晶石等深加工产业。

企业篇

第十六章

恒力集团有限公司

第一节　企业基本情况

恒力集团有限公司（简称"恒力集团"）创建于 1994 年，是一家集贸易、金融、热电等多元化发展的国际型企业，建有国家"企业技术中心"，竞争力和产品品牌价值均位于国际市场前列。主营业务有炼油、石化、聚酯新材料、纺织等，员工共有 8 万多人。集团旗下的 PTA 工厂是世界单体产能最大的 PTA 工厂，同时，集团的功能性纤维生产基地和织造企业也位于世界前列。

恒力集团旗下有恒力石化股份有限公司（"恒力股份"股票代码：600346）、广东松发陶瓷股份有限公司（"松发股份"股票代码：603268）、苏州吴江同里湖旅游度假村股份有限公司（"同里旅游"股票代码：834199）三家上市公司、十多家实体企业，在苏州、大连、宿迁、南通、营口等地建有生产基地。

第二节　企业经营情况

2018 年，恒力集团位列"世界 500 强"第 235 位，排名较上年提升 33 位；在中国企业 500 强榜单中，排名第 51 位；在中国民营企业 500 强榜单中，排名第 9 位；在中国制造业企业 500 强榜单中，排名第 16 位；荣获"国家科技进步奖"和"全国就业先进企业"等国务院颁发的殊荣。恒力集团还先后被评为"国家火炬计划重点高新技术企业""全国纺织工业先进集体""中国化纤行业环境友好企业""国家知识产权示范企业""全国企业文化建设先进单位"，其多项产品荣获"中国驰名商标""全国用户满意产品"等称号。

2018 年上半年，恒力集团实现总营业收入 264.52 亿元，比上年同期增长 26.87%。2018 年，恒力集团年销售额达到 3717 亿元，较上年增长 638 亿元，增长幅度超过 20%。

第三节　企业经营战略

品牌战略和市场战略是恒力集团始终贯彻的两大战略，企业成立了"恒力国际研发中心"和"恒力产学研基地"，坚持自主创新，致力于强化核心竞争能力，同时，外聘了来自德国、日本、韩国和中国台湾等多地的资深专家，为企业进行高端差别化产品的研发。截至目前，恒力集团承担的国家级、省级以及行业协会的重大科技计划项目共计 60 多项，企业自主研发的聚酯纤维关键技术荣获"国家科技进步奖"。

恒力集团打造"原油—芳烃、乙烯—精对苯二甲酸（PTA）、乙二醇—聚酯（PET）—民用丝及工业丝、工程塑料、薄膜—纺织"的完整产业链，将"全产业链发展"作为战略之一。在石化领域，大连长兴岛的恒力石化产业园的 PTA 项目年产能为 660 万吨，刷新了国际同行业的多项记录。作为国家炼油行业对民营企业放开的第一个重大炼化项目，恒力炼化一体化项目也是国家有史以来核准规模最大的炼化项目。2014 年 8 月 8 日，国务院（国发[2014]28 号）文件中就明确指出支持恒力炼化一体化项目，并要求力争尽早开工。2015 年 12 月，恒力 2000 万吨/年石化炼化一体化项目开工奠基。在聚酯新材料领域，恒力集团的技术装备世界领先，年聚合产能 281 万吨。在纺织领域，恒力纺织自主研发了 12000 套喷水织机和喷气织机，以及 8500 台倍捻机和配套设备。

第十七章

莱芜钢铁集团有限公司

第一节　企业基本情况

莱芜钢铁集团有限公司（简称"莱钢集团""莱钢"）始建于 1970 年，并以其为核心企业组建莱钢集团，1999 年 5 月莱钢集团公司成立。2008 年 3 月山东钢铁整合重组，莱钢集团隶属于山东钢铁集团公司。2014 年 7 月，山东钢铁集团公司对钢铁板块管理关系进行调整，钢铁业务从莱钢集团公司分离，莱钢集团现已发展成为覆盖多领域、涉及多产业的综合性集团公司，致力于发展钢铁产业以外的多元产业。其党组织关系原隶属山东省委组织部管理，为适应山东钢铁重组和企业改革发展需要，2010 年 3 月移交莱芜市委管理。其主要业务分为六大板块：金融板块、生产生活服务板块、资源类板块、钢铁板块、工程技术服务板块、钢铁产业链下游板块，主要有金融证券、铁矿石采选、粉末冶金及制品、钢结构加工、钢铁制造、房地产开发、水泥及微粉熟料、建筑安装、运输物流等产业。

莱钢是中国冶金行业首批通过 ISO14001 环境管理体系、ISO9001 质量体系和 OHSAS18001 职业安全健康管理体系的国家认证企业，先后被授予全国用户满意企业、全国 AAA 级信用企业、全国再就业先进企业、国家技能人才培育突出贡献奖企业、全国质量管理先进企业、全国创建和谐劳动关系模范企业等荣誉称号。2005 年被确定为国家第一批循环经济试点单位，2008 年获得全国质量奖，2009 年获"全国资源综合利用十佳企业"，2010 年获"中国企业文化建设十大创新单位"，2011 年获"全国售后服务行业十佳单位"。

第二节　企业经营情况

2018 年上半年，莱钢实现销售额 248.77 亿元，上年同期为 234.92 亿元，比上年同期增长 5.9%；实现利润 16.78 亿元，上年同期为 5.96 亿元，比上年同期增长 181.74%；总资产为 653.44 亿元，上年同期为 570.04 亿元，比上年同期增长 14.63%。莱钢全资、控股公司和相对控股公司 21 家、辅业改制公司 11 家、参股公司 15 家。莱钢拥有在岗职工近 8000 人。

第三节　企业经营战略

莱钢通过系统思考、审时度势，确定了"聚焦核心产业，实施深度转型，突出耦合发展，做强特色品牌"的集团发展新战略。其总体发展思路是，依托集团平台，以拓展增量、优化存量为目标，以产业耦合式发展为手段，聚焦核心产业，强化资源整合，突出产业协同，创新体制机制，实施深度转型，打造特色突出、国内一流的综合性集团公司。莱钢确立了"坚持以科学发展观为指导，在追求整体利益最大化的前提下，积极适应经济发展新常态，遵循'四大理念'（改革创新理念、市场导向理念、合作竞争理念、绿色发展理念），实现'四大建树'（在推进莱钢工业园建设上有建树；在节能环保、金融等高端服务业新的发展模式，拓展业务领域上有建树；在提高资产运营效率，构建业务进入、退出机制上有建树；在探索股权结构多元化，激发企业活力上有建树），力争各经济单元创出更大的经济效益，为集团整体效益提高提供保障，为职工谋求更大福祉，为和谐社会建设做出更大贡献"的集团发展总目标。

第十八章

陕西有色金属控股集团有限责任公司

第一节　企业基本情况

陕西有色金属控股集团有限责任公司（简称"陕西有色集团"）组建于中国有色金属工业西安公司和陕西省有色金属工业管理局。2000 年 10 月，国家有色金属工业开展属地化管理，陕西省人民政府响应国家政策，在下放的中央企事业单位基础上组建了陕西有色金属集团有限公司（由省政府批准的授权投资机构和国有独资的有限责任公司）。2003 年，陕西有色金属集团有限公司作为全省国有资产管理体制改革试点企业，在省政府领导下，进一步规范并完善了管理体制和运行机制，2004 年 2 月 28 日，陕西有色金属控股集团有限责任公司组建成立。

第二节　企业经营情况

2018 年，陕西有色集团全年实现营业收入 1296 亿元，同比增长 1.7%；实现利税 45 亿元，同比增长 8.1%，其中，利润 14.6 亿元，同比增长 42.5%。其主要产品钼精矿、钛材、电解铅、多晶硅产量均实现较大幅度增长。

2018 年，公司位列"2018 中国企业 500 强"第 134 位，位列"2018 中国制造业企业 500 强"第 49 位，在全国有色金属行业中稳居第 7 位，核心竞争力和综合实力显著提升，稀有金属产业优势地位扎实，被称为陕西省经济增长速度较快、盈利能力较强、具有陕西经济特色、参与国际竞争的大型企业集团。

公司先后获得陕西省先进集体、陕西著名国企、全国创建"四好班子"先进集体及全国"五一"劳动奖状等荣誉称号。

第三节　企业经营战略

进入新时代，陕西有色集团将以党的十九大精神为指引，坚持新发展理念，紧盯、追赶、超越目标，落实"五新"战略，积极融入"一带一路"建设，以提高发展质量和效益为中心，全力推进质量变革、效率变革、动力变革，深化改革创新，持续提质增效，全面推动集团公司实现高质量高效率发展，致力成为具有全球影响力的国际化、综合性有色金属企业集团。

目前，陕西有色集团国有资产运营及产权管理和有色金属资源开发采取一体化运营模式，公司拥有自主开发国内外有色金属资源的技术和产业实力，工业生产能力和研发力量雄厚，已形成包括地质勘查、加工制造、冶炼加工、矿山采选、勘察设计、内外贸易等比较完整的工业综合体系。陕西有色集团权属单位共有 35 家，在职员工 4 万余人；其中，金钼集团钼生产加工能力跻身世界前三、亚洲第一，JDC 产品下游用户遍布全球 40 多个国家和地区，金钼股份（股票代码：601958），是金钼集团控股公司，也是国内首家钼行业 A 股上市企业；宝钛集团是我国最大的稀有金属材料生产加工基地和研发基地，钛材作为其主导产品，年产量占全国总产量的 40% 以上，宝钛股份（股票代码：600456）是宝钛集团控股公司，也是陕西有色金属工业和中国钛工业第一个上市企业，宝色股份（股票代码：300402）也由宝钛集团控股，是我国特材非标装备制造第一股。集团公司主要产品包括钛、钛合金材及稀有金属加工材，钼炉料、钼化工和钼金属制品，铝、铅、锌、金、银、五氧化二钒、单晶硅、多晶硅、镍、锰等诸多品种；其中，钼、钛产品在国内外市场上的竞争力强劲，铝、铅、锌、金、银、钒等产品也在国内外居于领先地位。

第十九章

中国建材集团有限公司

第一节　企业基本情况

中国建材集团有限公司（简称"中国建材集团"）是国务院国有资产监督管理委员会直接管理的中央企业，是经国务院批准，由中国建筑材料集团有限公司与中国中材集团有限公司重组而成。

中国建材集团连续八年荣登《财富》世界五百强企业榜单，经营业务涵盖科研、制造、流通，是全球最大且技术领先的建材制造商和综合服务商。中国建材集团的总资产近 6000 亿元，年营业收入超过 3000 亿元，员工总数达 25 万人。中国建材集团拥有 15 家上市公司，海外上市公司 2 家。中国建材集团的产能稳居世界第一，水泥熟料产能 5.3 亿吨、商品混凝土产能 4.6 亿立方米、石膏板产能 22 亿平方米、玻璃纤维产能 224 万吨、风电叶片产能 16GW；在国际水泥工程市场和余热发电市场领域处于世界第一。拥有 26 家国家级科研设计院所，11 个国家实验室和技术中心，33 个国家行业质检中心，3.8 万名科技研发人员，10000 多项专利，19 个标委会。

第二节　企业经营情况

2018 年上半年，中国建材集团实现销售收入 952.28 亿元，同比增长 22%；归属母公司净利润 38.12 亿元，同比增长 159.8%；完成水泥熟料销量 1.61 亿吨，骨料销量 1400 万吨，石膏板销量 8.66 亿平方米，玻璃纤维纱销量 115 万吨，商品混凝土销量 4200 万方，风机叶片销量 2025 兆瓦，工程服务收入 154.09 亿元。

2018 年上半年，中国建材集团三大板块经营发展状况良好。

水泥板块，上半年全国水泥需求平稳，行业利润创历史新高。公司执行错峰生产，推动去产量去产能，坚持推动供给侧结构性改革；水泥布局进一步优化，骨料业务发展良好。上半年水泥熟料平均售价 311 元/吨，同比增加28.5%。

新材料板块，石膏板业务"价本利"经营理念持续深入，毛利率大幅提升，2018 年上半年，销售 8.66 亿平方米，同比增长 1.5%。玻纤业务以智能制造转型为主线，桐乡巨石智能制造基地即将投产，泰山玻纤数字化工厂即将上线；在国际化经营领域，巨石埃及公司 20 万吨产能全面投产。2018 年上半年玻璃纤维纱销量 115 万吨，同比增长 17.9%。

工程服务板块，坚持深入"价本利"经营理念，内部推行营销政策和对标管理统一；外部加快推进业务转型，强化属地化经营，探索多元化经营。上半年毛利率 18.9%，同比增加 1.6 个百分点。

第三节　企业经营战略

中国建材集团的战略愿景是致力成为具有全球竞争力的世界一流建材企业，战略定位是行业整合的领军者、产业升级的创新者、国际产能合作的开拓者，重点打造基础建材平台、国家级矿山资源平台、国家级材料科研平台、三新产业发展平台、国际产能合作平台、金融投资运营平台六大业务平台。

第二十章

中国稀有稀土股份有限公司

第一节　企业基本情况

　　中国稀有稀土股份有限公司（简称"中国稀有稀土"）的前身是创建于 1988 年的中国稀土开发公司，现在是中国铝业集团有限公司（简称"中铝集团"）三大业务板块之一，负责中铝集团稀有稀土金属矿产资源开发、冶炼及深加工等业务。2015 年 10 月，中国稀有稀土通过大型稀土企业集团组建验收工作。2016 年 3 月，中国稀有稀土有限公司整体改制为中国稀有稀土股份有限公司。2016 年 9 月，中国稀有稀土党委和纪委成立。

　　中国稀有稀土共有 6 家下属实体企业，其中 5 家稀土业务企业，分别是中铝四川稀土有限公司、中铝稀土（江苏）有限公司、中铝广西有色稀土开发有限公司、中铝山东稀土有限公司和中铝山东依诺威强磁材料有限公司，还有一家中稀国际贸易有限公司，是贸易型企业。中国稀有稀土参股企业有 6 家，分别是有研新材料股份有限公司、有研稀土新材料股份有限公司、中铝稀土（珠海）有限公司、北京汇稀智鼎咨询有限公司、中铝矿产资源有限公司、包头稀土产品交易所有限公司。

　　截至 2017 年年底，中国稀有稀土注册资本为人民币 13.6 亿元，总资产 45 亿元。

第二节　企业经营战略

　　中国稀有稀土业务涵盖轻中重稀土矿资源、冶炼分离、下游深加工等，业务领域横跨多个省（自治区），并且涉及稀有金属方面业务，比如钨资源开发等。中国稀有稀土遵循中铝集团"科学掌控上游、优化调整中游、跨越发展下游"发展战略的指引，将加快推进市场化开放型改革列为企业最主要的经营战略之一，同时积极创新板块管理体系、转换企业经营机制、科技研发引领发展，实现向产业链前端（资源矿山）、价值链高端（新材料应用）的转型。目前，中国稀有稀土在稀有稀土领域已经发展成为资产过百亿的龙头企业，同时也发展成了中铝集团具有核心竞争力的稀有稀土产业发展平台。

政　策　篇

第二十一章

2018 年中国原材料工业政策环境分析

2018 年，我国通过制定宏观调控政策，促进原材料工业转型升级。宏观调控政策的具体内容，包括加强规划的顶层设计、积极培育新材料产业、持续化解过剩产能、深化改善行业管理。目前，需完善的配套政策包括新材料扶持政策需加强、质量提升标准体系需完善、"僵尸企业"出清机制需细化。

第一节　国家宏观调控政策

一、加强顶层设计

2018 年，全球经济呈现动能趋缓、分化明显、下行风险上升、规则调整加快的特点，但我国保持战略自信，不断深化改革，扩大开放，经济稳中向好，正由高速增长向高质量增长转换，原材料工业总体呈现出稳中向好的趋势。钢铁行业超额完成去产能任务，全面取缔地条钢，粗钢产量持续增长，企业效益明显好转；石化和建材生产总体平稳，效益保持良好态势，出口增长继续加快。但同时，化解过剩产能压力不减，节能减排任务依然较重，贸易形势严峻，企业经营风险较大。从长远来看，原材料行业仍然要以供给侧结构性改革为主线，继续巩固去产能成果，优化产业布局；要汇聚政府、协会、企业各方力量推进行业规范管理，促进改善产业发展的内外部环境，着力推动原材料行业实现高质量发展。

为加快调整和优化产业布局，提升我国原材料工业发展质量和效益，《原材料工业质量提升三年行动方案（2018—2020 年）》《关于印发钢铁水泥玻璃行业产能置换实施办法的通知》《铬化合物项目建设规范条件》《建材工业鼓励推广应用的技术和产品目录（2018—2019 年本）》等陆续出台，针对行业目前的发展现状及面临的形势，明确发展目标和重点任务，引导行业结构调整和转型升级，完善标准供给体系，实施质量技术攻关，推动"互联网+质量服务"、增强技术创新，加强对原材料行业高质量发展的顶层设计。

二、积极培育新材料产业

新材料产业是新一轮工业革命的基础和先导，是战略性新兴产业和高端制造的支撑和保障。自 2010 年以来，我国新材料产业一直保持稳步增长，研发、设计、生产、应用等各产业链环节全面发展，自主新材料产业体系初具规模，拥有一批大型中央企业和一批科技型中小企业。但同时也存在着一些亟待解决的问题，如科研成果转化为生产力水平差，新材料产品缺乏市场竞争力，新材料企业缺少税收优惠等。

为了营造良好的环境，加快新材料产业领域的发展，2018 年国家出台了多项重磅政策。一是聚焦新材料产业发展重点，推出《重点新材料首批次应用示范指导目录（2018 年版）》，建立新材料首批应用保险补偿机制并开展试点工作。二是聚焦平台建设，制定《国家新材料生产应用示范平台建设方案》《国家新材料测试评价平台建设方案》和《国家新材料产业资源共享平台建设方案》，着力解决新材料产业发展过程中存在的生产应用脱节，标准、检测、评价、计量等支撑体系缺失，交易流通困难、信息共享不畅等问题，夯实新材料产业发展基础。三是聚焦新材料质量提升，制定《新材料标准领航行动计划（2018—2020 年）》，推动各行业、各地方、各技术委员会、各相关社会团体和企业，积极构建和完善新材料产业标准体系，以标准化建设为着力点，提高新材料产业质量，提升新材料服务水平。

三、持续化解产能过剩

2018 年，各地区、各有关部门以处置"僵尸企业"为抓手，扎实有序推进钢铁、煤炭等行业化解过剩产能工作，并积极防范化解煤电产能过剩可能引起的各项风险，取得了良好成效。河北通过产能指标交易化解煤炭产能 1291.76 万吨，关闭煤矿 60 个；山西化解煤炭过剩产能 2330 万吨，关闭退出煤矿 36 个。钢铁行业超额完成去产能任务，全面取缔地条钢。全国淘汰煤电落后产能 400 万千瓦。

2018 年，为了更好地推进原材料行业化解过剩产能工作，我国先后出台了

《关于做好 2018 年重点领域化解过剩产能工作的通知》《关于严肃产能置换严禁水泥平板玻璃行业新增产能的通知》《产业转移指导目录（2018 年本）》（征求意见稿）、《钢铁行业产能置换实施办法》《关于进一步做好"僵尸企业"及去产能企业债务处置工作的通知》等有关文件，明确化解产能的具体目标和措施，将严禁新增产能和结构调整有机结合，推进企业兼并重组、转型升级、优化布局。同时针对违规建设及不符合产能置换生产线建设情况开展专项检查，严格治理各种违法违规行为。

四、改善行业管理

促进原材料工业结构调整和高质量发展，离不开支撑体系，离不开行业引导、监督、规范和管理。为加强行业管理，正确履行职责，转变发展方式，促进原材料工业持续健康发展，2018 年国家出台多项相关政策和措施，建立和完善原材料工业管理体制，营造产业发展的良好环境。

一是强化行业指导。出台《关于做好 2018 年工业质量品牌建设工作的通知》，明确制修订原材料重点标准、完善工业节能与绿色标准、开展重点产品国际对标等具体工作；出台《石化产业规划布局方案（修订版）》，支持民营和外资企业独资或控股投资，促进产业升级；印发《建材工业鼓励推广应用的技术和产品目录（2018—2020 年本）》，引导建材行业产融对接，补齐发展短板，培育壮大新动能。此外，为钢铁煤炭行业化解过剩产能和脱困，多次召开部际联席会议开展防范"地条钢"死灰复燃专项抽查，保持对"地条钢"露头就打的高压态势。

二是加强标准和法规工作，利用标准倒逼产业转型升级，利用法规加强依法行政，规范行业秩序。2018 年，工业和信息化部聚焦化工、建材、有色、稀土等行业，多次印发行业标准制修订的计划通知，并出台《中华人民共和国监控化学品管理条例》实施细则，依法监控化学品生产、经营、使用和进出口等活动。

三是开展行业规划和重要政策落实情况评估工作。为进一步推进"十三五"规划纲要的有效实施，发改委及各地方政府相关部门纷纷对"十三五"规划的实施情况开展了中期评估、调研和自查等工作，确保各项目标任务顺利实现。

第二节　尚需完善的配套政策

一、加强新材料配套政策

新材料产业的培育壮大对推动技术创新，支撑产业升级，建设制造强国具有重要战略意义。自"十二五"以来，我国高度重视新材料产业扶持政策体系的构建，已经通过制定规划、出台专项等方式，形成了一批政策措施，但政策内容相对零散，中小企业扶持、人才、金融支持、科技成果转化等政策有待加强。因此，要针对中小企业和民营企业，出台相关科技创新创业扶持政策和措施，使其在细分领域、小批量多品种领域发挥作用，促进产业主体多元化。通过平台建设，加强产业链上下游之间的信息沟通和合作互动，并积极开展信息发布和技术推广，促进技术与资金的有效结合，加快实现成果转化。创新人才激励政策和引进条件，加大人才培养力度，形成以项目为纽带，科技发展与人才发展相互促进、相互支撑的良好局面。加强金融政策向科技企业的有效传导，打通创新链、资金链、产业链，使三者真正联动起来，有效衔接。

二、完善标准体系

健全的标准体系是原材料行业规范市场经济秩序、调整产业结构、转变发展方式、增强自主创新能力、实现高质量发展的重要保障。目前，我国原材料行业标准体系还不完善，存在技术指标宽泛，产品标准和应用标准之间脱节，国内标准在国际市场的认可度和影响力不高，标准对产品、技术、装备和服务"走出去"的促进作用不足等问题，难以满足原材料工业高质量发展的要求。因此，要加大力度制定实施标准化战略的纲领性文件，做好石化、化工、钢铁、有色、建材等主要行业的标准化体系研究和完善工作。推动制订质量分类分级规范，鼓励开展团体标准应用示范。明确具有技术先进性、经济合理性和应用广泛性的质量标准标杆，持续开展重点产品对标达标。充分发挥行业组织、科研机构和学术团体及相关标准化专业组织等主体在标准实施中的作用，推动、监督和评估标准的实施。加强标准外文版的翻译和出版，强化国际标准化合作。

三、细化"僵尸企业"出清机制

化解过剩产能、淘汰"僵尸企业"是推进我国供给侧结构性改革的重要举措，而淘汰"僵尸企业"又是重中之重。2018年，我国原材料行业淘汰"僵尸企业"成效明显，但仍需进一步细化出清机制，出台稳妥处置"僵尸企业"的意见，有效解决"执行难""拉郎配"等问题。因此，要细化配套的法律机制，出台规范退市的法律法规，配套制订上市公司预警机制，做好拟退市企业的信息发布工作。细化配套的社会保障机制，在社保、医疗等方面出台优惠政策，对失去劳动能力的工人予以津贴补助以及养老、医疗等社会救助，对破产

"僵尸企业"的下岗工人提供培训和再就业机会，确保"僵尸企业"破产"软着陆"。细化配套社会协调机制，明确"僵尸企业"的并购重组计划，将"僵尸企业"中部分有市场潜力的产品进行组合，保持生产传承性，形成新的生产竞争力，优化社会资源。细化配套的市场调节机制，完善金融市场风险与收益的多层次体系，建立止损坏账应对机制，提高金融机构应对"僵尸企业"破产的能力。

第二十二章

2018年中国原材料工业重点政策解析

2018年，我国对原材料工业制定了一系列重点政策。在综合性政策方面，有《打赢蓝天保卫战三年行动计划》《产业发展与转移指导目录（2018年本）》《关于做好2018年工业质量品牌建设工作的通知》《国家智能制造标准体系建设指南（2018年版）》等。在行业政策方面，出台了一系列重要文件，一方面优化升级钢铁、石化、稀土、建材、有色等传统产业，大力化解过剩产能，提升发展质量和效益；另一方面加速培育新动能，加快发展新材料，开展重点新材料首批次应用示范及保险补偿机制，推进国家新材料产业资源共享平台建设。

第一节 综合性政策解析

一、《打赢蓝天保卫战三年行动计划》

（一）政策出台背景

自国务院印发实施《大气污染防治行动计划》以来，我国空气质量改善效果显著。2017年，全国地级及以上城市PM10平均浓度比2013年下降22.7%；京津冀、长三角、珠三角等重点区域PM2.5平均浓度分别比2013年下降39.6%、34.3%、27.7%，珠三角PM2.5平均浓度连续三年达标；北京市PM2.5年均浓度从2013年的89.5微克/立方米降至58微克/立方米。但相比之下，我国的大气环境形势依然严峻，大气污染物排放量仍居世界前列，全国338个地级及以上城市环境空气质量达标比例仅为29%，京津冀大气传输通道城市、汾渭平原等区域 PM2.5 年均浓度超标一倍左右，长三角、成渝、东北等地区季节性大气污染问题依然突出。

2017 年 12 月，中央经济工作会议要求制定打赢蓝天保卫战三年作战计划，确定具体战役，集中优势兵力，一个战役接着一个战役打，确保 3 年取得更大成效。按照党中央、国务院决策部署，生态环境部会同有关部门，在专题调研、分析论证、广泛听取专家和社会各界意见的基础上，起草了《打赢蓝天保卫战三年行动计划》（以下简称《三年行动计划》），并征求相关部门、地方及部分企业意见，6 月 13 日国务院常务会议审议并通过了该计划。

（二）政策主要内容

《三年行动计划》提出要以京津冀及周边地区、长三角地区、汾渭平原等区域（以下称重点区域）为重点，持续开展大气污染防治行动，综合运用经济、法律、技术和必要的行政手段，大力调整优化产业结构、能源结构、运输结构和用地结构，强化区域联防联控，狠抓秋冬季污染治理，统筹兼顾、系统谋划、精准施策，坚决打赢蓝天保卫战，实现环境效益、经济效益和社会效益多赢。涉及原材料工业发展方面，主要有以下内容：

一是优化产业布局。各地完成生态保护红线、环境质量底线、资源利用上线、环境准入清单编制工作，明确禁止和限制发展的行业、生产工艺和产业目录。修订完善高耗能、高污染和资源型行业准入条件，空气环境质量未达标城市应制订更严格的产业准入门槛。积极推行区域、规划的环境影响评价，新、改、扩建钢铁、石化、化工、焦化、建材、有色等项目的环境影响评价，应满足区域、规划环评要求。同时，加大区域产业布局调整力度，加快城市建成区重污染企业搬迁改造或关闭退出，推动实施一批水泥、平板玻璃、焦化、化工等重污染企业搬迁工程；重点区域城市钢铁企业要切实采取彻底关停、转型发展、就地改造、域外搬迁等方式，推动转型升级。重点区域禁止新增化工园区，加大现有化工园区的整治力度。各地已明确的退城企业，要明确时间表，逾期不退城的予以停产。

二是严控"两高"行业产能。重点区域严禁新增钢铁、焦化、电解铝、铸造、水泥和平板玻璃等产能；严格执行钢铁、水泥、平板玻璃等行业产能置换的实施办法；新、改、扩建涉及大宗物料运输的建设项目，原则上不得采用公路运输。加大落后产能淘汰和过剩产能压减力度。严格执行质量、环保、能耗、安全等法规标准。修订《产业结构调整指导目录》，提高重点区域过剩产能淘汰标准。重点区域加大独立焦化企业淘汰力度，京津冀及周边地区实施

"以钢定焦"，力争2020年炼焦产能与钢铁产能比达到0.4左右。严防"地条钢"死灰复燃。2020年，河北省钢铁产能控制在2亿吨以内；列入去产能计划的钢铁企业，需一并退出配套的烧结、焦炉、高炉等设备。

三是强化"散乱污"企业综合整治。全面开展"散乱污"企业及集群综合整治行动。制定"散乱污"企业及集群整治标准，实行拉网式排查，建立管理台账，按照"先停后治"的原则，实施分类处置。坚决杜绝"散乱污"企业项目建设和已取缔的"散乱污"企业异地转移、死灰复燃。京津冀及周边地区2018年年底前全面完成整治；长三角地区、汾渭平原2019年年底前基本完成整治；全国2020年年底前基本完成整治。

四是深化工业污染治理。持续推进工业污染源全面达标排放，将烟气在线监测数据作为执法依据，加大超标处罚和联合惩戒力度，未达标排放的企业一律依法停产整治。建立覆盖所有固定污染源的企业排放许可制度，2020年年底前，完成排污许可管理名录规定的行业许可证核发。同时，推进重点行业污染治理升级改造。推动实施钢铁等行业超低排放改造，重点区域城市建成区内焦炉实施炉体加罩封闭，并对废气进行收集处理。强化工业企业无组织排放管控。开展钢铁、建材、有色、火电、焦化、铸造等重点行业及燃煤锅炉无组织排放排查，建立管理台账，对物料（含废渣）运输、装卸、储存、转移和工艺过程等无组织排放实施深度治理，2018年年底前京津冀及周边地区基本完成治理任务，长三角地区和汾渭平原2019年年底前完成，全国2020年年底前基本完成。推进各类园区循环化改造、规范发展和提质增效；推进企业清洁生产。对开发区、工业园区、高新区等进行集中整治，限期进行达标改造，减少工业集聚区污染。完善园区集中供热设施，积极推广集中供热。有条件的工业集聚区建设集中喷涂工程中心，配备高效治污设施，替代企业独立喷涂工序。

五是大力培育绿色环保产业。壮大绿色产业规模，发展节能环保产业、清洁生产产业、清洁能源产业，培育发展新动能。积极支持培育一批具有国际竞争力的大型节能环保龙头企业，支持企业技术创新能力建设，加快掌握重大关键核心技术，促进大气治理重点技术装备等产业化发展和推广应用。积极推行节能环保整体解决方案，加快发展合同能源管理、环境污染第三方治理和社会化监测等新业态，培育一批高水平、专业化节能环保服务公司。

六是推进露天矿山综合整治。全面完成露天矿山摸底排查。对违反资源环境法律法规、规划，污染环境、破坏生态、乱采滥挖的露天矿山，依法予以关闭；对污染治理不规范的露天矿山，依法责令停产整治，整治完成并经相关部门组织验收合格后方可恢复生产，对拒不停产或擅自恢复生产的依法强制关闭；对责任主体灭失的露天矿山，要加强修复绿化、减尘抑尘。重点区域原则上禁止新建露天矿山建设项目。

七是实施 VOCs 专项整治方案。制定石化、化工、工业涂装、包装印刷等 VOCs 排放重点行业和油品储运销综合整治方案，出台泄漏检测与修复标准，编制 VOCs 治理技术指南。重点区域禁止建设生产和使用高 VOCs 含量的溶剂型涂料、油墨、胶粘剂等项目，加大餐饮油烟治理力度。开展 VOCs 整治专项执法行动，严厉打击违法排污行为，对治理效果差、技术服务能力弱、运营管理水平低的治理单位，公布名单，实行联合惩戒，扶持培育 VOCs 治理和服务专业化规模化的龙头企业。2020 年，VOCs 排放总量较 2015 年下降 10%以上。

（三）政策影响

《三年行动计划》是贯彻落实党中央、国务院打好污染防治攻坚战决策部署的一项重大举措，是落实全国生态环境保护大会的具体行动，它与《大气污染防治行动计划》《"十三五"生态环境保护规划》《"十三五"节能减排综合工作方案》等相关专项规划和政策规定进行了充分衔接，保持了工作的连续性，并在此基础上增强了大气污染防治任务措施的广度、深度和力度。随着各项政策措施的落实，《三年行动计划》必将对我国生态环境保护、生态文明和美丽中国建设，乃至经济高质量发展产生重大而深远的影响。

二、《产业发展与转移指导目录（2018 年本）》

（一）政策出台背景

为贯彻落实党中央、国务院关于高质量发展和区域协调发展的决策部署，深入推进产业有序转移和转型升级，工业和信息化部组织有关部门对《产业转移指导目录（2012 年本）》进行了修订，形成《产业发展与转移指导目录（2018 年本）》（以下简称《目录》）。

（二）政策主要内容

《目录》共分为五章。第一章"全国区域工业发展总体导向"按照西部、东北、中部、东部四大板块，分别提出了各板块的区域定位以及原材料工业、装备制造业、消费品工业、电子信息产业发展的方向。第二至第五章按照西部、东北、中部、东部四大板块各成一章，其中，每章的第一节"地区工业发展导向"，提出了各板块的相关经济带（区），明确区域范围，并提出重点发展的产业门类，引导区域错位发展；第二节"优先承接发展的产业"，提出各地重点承接、优先发展的产业及具体的承接地，产业和承接地按照优先次序进行排序；第三节"引导优化调整的产业"，提出各地引导逐步调整退出的产业和引导不再承接的产业条目。

《目录》依据党的十八大以来发布的有关区域和行业发展政策文件要求，结合各地现实基础和发展需求，进一步明确了各地发展和承接的产业。与2012年的版本相比，《目录》主要有以下调整。

一是增加新兴产业门类，引导产业发展与转移与时俱进。为顺应产业发展新趋势、新特点，《目录》在2012年版本的15个行业门类基础上增加了智能制造装备、节能环保、新材料、新能源等产业门类，契合了产业转型升级的发展方向，体现了地方、行业发展意愿和诉求。

二是增加优先承接地，引导各地突出特色、错位发展。《目录》将优先承接发展产业的承接地细化到具体地区（市、州、盟），一方面指导和推动各省（区、市）将《目录》细化落地，引导各地突出比较优势；另一方面，便于各方产业转移获取更加精准的信息参考。

三是增加引导优化调整的产业，引导产业发展与转移升级。《目录》引导各地统筹考虑资源环境、发展阶段、市场条件等因素，对现有存量产业提出需要调整退出的产业条目，对未来不宜再承接的产业予以明示，促进地方制造业发展转型升级。

四是《目录》名称增加"发展"，引导各地统筹发展与转移的关系，立足全局，全面对标高质量发展要求，统筹考虑发展基础、阶段、潜力等因素，推动工业经济发展由数量规模扩张向质量效益提升转变。

（三）政策影响

《目录》适应了新时代我国经济发展新要求，是推动产业合理有序转移、促进区域合作的综合性、指导性文件，是贯彻落实区域协调发展战略的重要举措，对加快新旧动能转换，促进经济转型升级，推进供给侧结构性改革具有重要意义。

三、《国家智能制造标准体系建设指南（2018年版）》

（一）政策出台背景

"智能制造，标准先行"，缺乏统一的标准体系已成为制约我国智能制造发展的主要障碍。为此，工业和信息化部、国家标准化管理委员会在 2015 年共同组织制定了《国家智能制造标准体系建设指南（2015 年版）》并建立动态更新机制，指导当前和未来一段时间智能制造标准化工作，解决标准缺失、滞后、交叉重复等问题，落实"加快制造强国建设"。

按照标准体系动态更新机制，扎实构建满足产业发展需求、先进适用的智能制造标准体系，推动装备质量水平的整体提升，工业和信息化部、国家标准化管理委员会共同组织制定了《国家智能制造标准体系建设指南（2018 年版）》（以下简称《建设指南（2018 年版）》）。

（二）政策主要内容

《建设指南（2018 年版）》的总体要求是按照"统筹规划，分类施策，跨界融合，急用先行，立足国情，开放合作"原则，制定基础共性标准、智能装备标准、智能工厂标准、智能服务标准、智能使能技术标准、工业互联网标准及行业应用标准，并推动智能制造国家标准上升为国际标准。到 2018 年，累计制修订 150 项以上智能制造标准，基本覆盖基础共性标准和关键技术标准。到 2019 年，累计制修订 300 项以上智能制造标准，逐步建立起较为完善的智能制造标准体系。

国家智能制造标准体系按照"三步法"原则建设完成。第一步，通过研究各类智能制造应用系统，提取其共性抽象特征，构建由生命周期、系统层级和智能特征组成的三维智能制造系统架构，从而明确智能制造对象和边界，识别智能制造现有和缺失的标准，认知现有标准间的交叉重叠关系；第二步，在深入分析标准化需求的基础上，综合智能制造系统架构各维度逻辑关系，将智能制造系统架构的生命周期维度和系统层级维度组成的平面自上而下依次映射到智能特征维度的五个层级，形成智能装备、智能工厂、智能服务、智能赋能技术、工业网络等五类关键技术标准，与基础共性标准和行业应用标准共同构成智能制造标准体系结构；第三步，对智能制造标准体系结构分解细化，进而建立智能制造标准体系框架，指导智能制造标准体系建设及相关标准立项工作。

国家智能制造标准体系建设内容包括基础共性标准、关键技术标准和行业应用标准三部分。其中，基础共性标准用于统一智能制造相关概念，解决智能制造基础共性关键问题，包括通用、安全、可靠性、检测、评价等五个部分；关键技术标准主要包括智能装备、智能工厂、智能服务、智能赋能技术和工业网络等五个部分；行业应用标准则围绕新一代信息技术、高档数控机床和机器人、航空航天装备、海洋工程装备及高技术船舶、先进轨道交通装备等重点领域实现突破。

（三）政策影响

《建设指南（2018 年版）》是贯彻落实《智能制造发展规划（2016—2020 年）》和《装备制造业标准化和质量提升规划》的重要举措，在 2015 版的基础上进一步加强了标准体系构成要素及相互关系的说明，着重体现了新技术在智能制造领域的应用，突出强化了标准试验验证、行业应用与实施，对推动我国智能制造标准国际化以及智能制造产业高质量发展具有重要意义。

第二节　行业政策解析

一、《原材料工业质量提升三年行动方案（2018—2020 年）》

（一）政策出台背景

随着供给侧结构性改革的深入推进，我国原材料工业产品质量不断提高，品种结构不断优化，对稳增长、调结构、促改革、惠民生、保安全发挥了重要作用。同时，原材料工业在质量基础设施、关键工艺技术、产品实物质量、有效供给能力等方面与国际先进水平相比仍有较大差距，难以满足我国经济高质量发展的要求。为进一步提升原材料工业发展质量和效益，更好支撑制造强国、质量强国建设，工业和信息化部、科技部、商务部、市场监管总局联合制定《原材料工业质量提升三年行动方案（2018—2020 年）》（以下简称《行动方案》）。

（二）政策主要内容

《行动方案》提出要以提升原材料工业发展质量和效益为核心，坚持企业主体、市场主导、政府引导，坚持需求牵引、创新驱动、产用融合，提高产品质量的可靠性、稳定性、一致性水平，增强高性能、功能化、差别化产品的有效供给，带动原材料工业质量品牌整体提升，为制造业高质量发展提供保障，并重点明确了钢铁、有色金属、石化化工和建材等四个细分行业的质量提升三年发展目标。

《行动方案》从标准、技术、评价等维度提出了以下六个方面的主要任务：

一是完善标准供给体系，提高标准的先进性、协同性、引领性。加快组织实施原材料重点标准制修订计划，提升标准技术水平，协同推进重点领域产品标准和应用标准的制修订，提高重点原材料产品的国际标准转化率。

二是实施质量技术过关。突破关键共性技术，加强质量提升关键共性技术研发与应用推广，支持原材料工业领域国家、省级制造业创新中心建设。优化质量控制技术，推动智能制造、绿色制造等先进技术的研发和应用，优化生产工艺流程及质量管控系统，完善原材料产品质量控制和技术评价体系。

三是开展质量分级评价。建立质量分级体系，推动质量分级与产品标准、计量测试、检测、认证技术的有效衔接，推动建立主要原材料产品质量分级发布机制。构建科学评价方法，支持认证机构等专业力量对原材料产品的质量保障能力进行评价。定期发布原材料产品质量分级评价、认证结果，研究推动质量分级评价、认证结果的市场化采信机制。

四是推动"互联网+"。推动互联网结果的市场化智能化改造，开展智慧质量管理。提高质量追溯能力，鼓励原材料生产企业与下游企业建立质量追溯机制，并与国家重要产品追溯管理平台对接，加强质量安全管理与风险控制。

五是提升产业集群质量。打造质量竞争型产业集群，在钢铁、石化、有色、建材等产业聚集区开展产业集群质量提升行动。推动我国原材料产品进入全球高端供应链体系，打造一流的原材料产业集群区域品牌。

六是优化质量发展环境。提升公共服务能力，加大质量品牌公共服务平台和产业技术基础公共服务平台建设，完善质量信息收集和发布制度，健全质量守信联合激励和失信联合惩戒制度，在重点领域实施质量追溯制度。

《行动方案》强调，各级、各相关部门要高度重视，建立协同工作机制，加大财政金融支持力度，加强质量人才培养，完善质量基础建设。要充分发挥原材料各行业协会的桥梁纽带作用，积极开展国际对接，加大原材料工业质量标杆的经验交流和推广。要抓住"一带一路"建设契机，拓宽交流渠道，在技术创新、标准制定、质量治理等领域开展国际合作，推动原材料产业迈向中高端。

（三）政策影响

《行动方案》是全面贯彻落实党的十九大精神，深入落实《中共中央国务院关于开展质量提升行动的指导意见》的具体体现。《行动方案》的出台，有利于统一各方思想，提高认识，准确把握新形势下原材料工业高质量发展的方向和重点，形成合力共同推进原材料工业质量提升工作，也有利于完善公平有序竞争的市场环境。

二、《国家新材料产业资源共享平台建设方案》

（一）政策出台背景

我国新材料产业发展总体上仍处于跟踪模仿和产业化培育的初期阶段，与建设制造强国的要求相比，关键材料保障能力不足、"卡脖子"问题尚未得到根本解决，产业结构不尽合理、高端产品比例不高的现状急需改变。产业发展的现状与发达国家的先进水平相比整体实力上还有较大差距，与世界第一原材料工业大国的地位不匹配，与新时期高质量发展的要求不适应。特别是在产业资源共享方面，经过多年快速发展，新材料产业已积累沉淀了海量资源，但各类资源分布于不同主体，信息封闭不对称，资源闲置浪费，交易流通困难，价值难以被有效挖掘利用，资源共享不畅问题亟待解决。推进共享平台建设，有助于加快产业资源交流互通，适应政府部门信息化管理需要，适用新材料产业科技、产业、市场、金融等方面的资源共享和服务需要，提升行业管理水平和公共服务供给能力、新材料产业要素资源配置效率和我国新材产业综合竞争力。

（二）政策主要内容

《国家新材料产业资源共享平台建设方案》提出了国家新材料产业资源共享平台建设的总体思路、发展目标及建设和运营方案。

总体思路：联合龙头企业、用户单位、科研院所、互联网机构等各方面力量，整合政府、行业、企业和社会资源，同时紧密结合政务信息系统平台建设工作，充分利用国家数据共享交换平台体系和现有基础设施资源，加强与各部门现有政务信息服务平台及商业化平台的对接和协同，结合互联网、大数据、人工智能、云计算等技术建立垂直化、专业化资源共享平台，采用线上线下相结合的方式，开展政务信息、产业信息、科技成果、技术装备、研发设计、生产制造、经营管理、采购销售、测试评价、质量认证、学术、标准、知识产权、金融、法律、人才等方面资源的共享服务。

发展目标：一是到 2020 年，基本形成多方共建、公益为主、高效集成的新材料产业资源共享服务生态体系。初步建成具有较高的资源开放共享程度、安全可控水平和运营服务能力的垂直化、专业化网络平台，以及与之配套的保障有力、服务协同、运行高效的线下基础设施和能力条件。建立技术融合、业务融合、数据融合的新材料产业资源共享门户网络体系。二是到 2025 年，新材料产业资源共享服务生态体系更加完善。平台集聚资源总量和覆盖领域、共享开放程度、业务范围和服务能力进一步提升。平台网络体系和线下基础设施条件更加完备。新材料产业资源共享能力整体达到国际先进水平。

建设和运营方案：国家新材料产业资源共享平台建设分为系统资源建设和网络体系建设。系统资源建设包括政务信息服务系统模块、行业知识服务系统模块、仪器设施共享系统模块、科技成果转化系统模块、供需对接服务系统模块和其他资源服务系统模块。网络体系建设主要是基于大数据和人工智能技术，开发多元异构数据管理工具和数据资源分类、叙词表、知识图谱等知识组织工具，构建丰富权威的新材料产业资源元数据库。

国家新材料产业资源共享平台在管理和运行方面，将建立科学的决策机制，设立专家委员会、监督委员会及总师团队等，加强重大决策的咨询和监管。

（三）政策影响

《国家新材料产业资源共享平台建设方案》对开展国家新材料产业资源共享平台建设提出了明确要求，是贯彻落实《新材料产业发展指南》的重要决策，对解决新材料产业信息流通不畅，实现产业资源交流互通，提升新材料行业管理水平和公共服务供给能力，以及促进新材料产业健康发展具有重要意义。

三、《重点新材料首批次应用示范指导目录（2018 年版）》

（一）政策出台背景

新材料是先进制造业的支撑和基础，其性能、技术、工艺等直接影响电子信息、高端装备等下游领域的产品质量和生产安全。新材料进入市场初期，需要经过长期的应用考核与大量的资金投入，下游用户首次使用存在一定风险，客观上导致了"有材不好用，好材不敢用"、生产与应用脱节、创新产品推广应用困难等问题。

建立新材料首批次保险机制，新材料的性能、技术、工艺等直接影响电子信息、高端装备等下游领域的产品质量和生产安全。保险机制提升我国新材料产业整体发展水平具有重要意义。

自 2017 年以来，工业和信息化部联合财政、保监部门开展了重点新材料首批应用保险补偿机制试点工作。为做好2018年首批试点工作，工业和信息化部组织修订了《重点新材料首批次应用示范指导目录》。

（二）政策主要内容

目录中列出了先进基础材料、关键战略材料、前沿新材料 3 大类共 166 个品类的重点新材料，内容包括材料名称、性能要求及应用领域。其中先进基础材料大类下有先进钢铁材料、先进有色金属材料、先进化工材料、先进无机非金属材料、其他材料 5 个小类，共涉及 116 个品类的重点材料；关键战略材料大类下有高性能纤维及复合材料、稀土功能材料、先进半导体材料和新型显示材料、新型能源材料 4 个小类，共涉及 41 个品类的重点材料；前沿新材料大类下有 9 个小类的材料，主要为石墨烯及粉末材料，共涉及 9 个品类的重点材料。目录中与半导体、电子产业相关的材料品类共有 55 项。

（三）政策影响

《重点新材料首批应用示范指导目录（2018 年版）》中新材料品种应用领域符合《新材料产业发展指南》提出的重点领域发展方向，目录中的产品在品种、规格、性能或技术参数等方面有重大突破，具有自主知识产权，处于市场验证或初期应用阶段，技术含量和附加值高，市场前景广阔，具有较强的示范意义。推行重点新材料首批应用保险补偿机制，有助于加速解决新材料应用的初期市场瓶颈，激活和释放下游行业对新材料产品的有效需求。

四、《钢铁行业产能置换实施办法》

（一）政策出台背景

在国家大力推进供给侧结构性改革、坚定不移化解过剩产能、三令五申严禁新增产能的背景下，钢铁行业大力推进去产能，成效明显，严重过剩矛盾有所缓解。但阶段性、结构性矛盾仍存在，尤其区域产能总量与环境容量、承载力不平衡的矛盾愈发突出，产能置换成为实现严禁新增产能和结构调整有机结合的重要手段。

（二）政策主要内容

必须实施产能置换的项目。无论建设项目属新建、改建、扩建还是"异地大修"等何种性质，只要建设内容涉及建设炼铁、炼钢冶炼设备，就须实施产能置换。

可用于置换的产能。须同时满足"1 个必须+6 个不得"这两个要求。"1

个必须"指用于产能置换的冶炼装备必须是国务院国资委、各省级人民政府2016 年上报国务院备案去产能实施方案的钢铁行业冶炼装备家底清单内的冶炼装备和 2016 年及以后合法合规建成的冶炼设备。"6 个不得"指用于产能置换的产能不得为：列入钢铁去产能任务的产能、享受奖补资金和政策支持的退出产能、"地条钢"产能、落后产能、在确认置换前已拆除主体设备的产能、铸造等非钢铁行业冶炼设备产能。

置换比例。京津冀、长三角、珠三角等环境敏感区域置换比例要继续执行不低于 1.25:1 的要求，其他地区由等量置换调整为减量置换；钢铁企业内部退出转炉建设电炉可实施等量置换，需要注意的是退出转炉时须一并退出配套的烧结、焦炉、高炉等设备；取消了同一炉容转（电）炉对应不同的普钢、特钢产能换算数，调整为统一换算数，并按照全废钢冶炼时电炉的产能，对产能换算表中电炉等产能换算标准进行了调减。

（三）政策影响

2016—2018 年，国内钢铁产能已经退出 1.15 亿吨，离"十三五"1.5 亿吨的去产能上限目标近在咫尺；同时国内"地条钢"产能清除 1.4 亿吨产能，"地条钢"企业已基本清除，且各级政府高压之下严防其死灰复燃。钢铁行业供给侧结构性改革成果显著，钢铁行业运行秩序得到了极大规范，行业企业利润回升明显。《钢铁行业产能置换实施办法》的出台有利于我国钢铁行业生产布局进一步优化、生产结构进一步调整，推进我国由钢铁大国向钢铁强国迈进。

五、《建材工业鼓励推广应用的技术和产品目录(2018—2019年本)》

（一）政策出台背景

为推动建材行业转型升级、降本增效，加快供给侧结构性改革，在化解水泥平板玻璃行业产能严重过剩矛盾的同时，引导资本等要素流向建材领域新兴产业和传统产业技改项目，促进产融对接，补齐发展短板，培育壮大新动能，工业和信息化部组织编制了《建材工业鼓励推广应用的技术和产品目录（2018—2019 年本）》。

（二）政策主要内容

此次公布的技术和产品目录包括水泥窑协同处置垃圾焚烧飞灰技术、水泥窑协同处置原生态城乡生活垃圾技术、基于大数据分析的水泥企业精细化能效管控技术、硫酸铝盐水泥、细颗粒物团聚强化除尘技术、水泥窑用绿色节能耐火材料、G4.5 TFTLCD 玻璃基板薄型化生产技术、1.1mm 超薄超白玻璃生产技术、高铝盖板玻璃、光掩模石英玻璃基板、超低膨胀微晶玻璃、铜铟镓硒薄膜电池光伏建筑一体化部件、高透光光电建筑部件、电致变色/热致变色中空玻璃及其遮阳系统、智能门窗、建筑陶瓷数字化绿色制造成套工艺技术、薄型瓷质砖制造技术、纳米氧化锆粉、脱硝除尘功能一体化陶瓷膜、大尺寸薄壁氧化铝陶瓷平板膜等 48 个技术和产品。

（三）政策影响

《建材工业鼓励推广应用的技术和产品目录（2018—2019 年本）》中推荐的技术和产品符合国家产业政策，已通过国家（部门）科技成果鉴定、评审、评估，技术先进、成熟、适用性强，代表行业发展方向，具有显著的经济效益和社会效益。在全国或较大范围内推广应用，可提升建材行业基础能力、智能制造、绿色发展、产品质量水平，对原材料行业发展有重大促进作用。

热 点 篇

第二十三章

上海原油期货成功上市

第一节　背景意义

石油是世界主导性能源，在世界的一次性能源消费中占比 1/3 左右，尽管中国已经是全球第一大原油进口国和第二大石油消费国，国外通过新加坡普氏报价、迪拜商品交易所的阿曼原油期货价格等作为原油贸易基准定价，但国内长期来没有原油期货市场提供定价基准和规避风险的工具，这不仅不能反映中国原油进口和消费的真实情况，还是一件经济上吃亏的事情。2018 年 3 月 26 日，原油期货正式在上海国际能源交易中心挂牌交易，这无论对石油行业还是对中国的期货市场来说，都是里程碑式的事件。

第二节　主要内容

2001 年，上海期货交易所开始研究论证石油期货交易，对石油期货上市路径提出两步走的发展策略：从燃料油期货交易起步，积累经验逐步推出其他石油期货。2004 年，上海期货交易所燃料油期货交易上市，经过一段时间活跃交易后，由于市场环境变化，逐渐变冷清。2013 年，上海期货交易所推出石油沥青期货，成交量在全球石油期货合约中排名前两位。经过燃料油期货和石油沥青期货的经验积累，上海期货交易所完善了石油期货产品的设计和管理，为推出原油期货产品积累了经验。

2012 年，全国金融第四次工作会议提出要稳妥推出原油商品期货品种。同年，为适应原油期货国际化发展，鼓励跨国石油公司、原油贸易商、金融机构等全球投资者参与，我国修改了《期货交易管理条例》，删除了限制外国人参与国内期货交易的规定，允许国外投资者参与境内特定品种的期货交易。为适应原油期货国际化发展，鼓励跨国石油公司、原油贸易商、金融机构等全球投资者参与，我国20多家部委与企业，开始了全方位的组织协调和准备筹建，加快推进国际化原油期货市场建设。2018年3月26日，上海期货交易所原油期货正式上市。随后，上海原油期货交易量迅速攀升，单日持仓量最高达到2.36万手，成交金额最高达到872.94亿元，已超过迪拜商品交易所阿曼原油期货，成为当今亚洲第一、世界第三的原油期货品种，仅次于伦敦和纽约两大老牌原油期货市场。

第三节　事件影响

上海原油期货的成功上市和运行，不仅能够准确反映本地区石油市场信息，反映中国及亚太市场原油供需关系，为原油价格提供定价基准，也为石油化工上下游企业套期保值和风险管理提供了工具，还推动了原油期货的人民币计价和结算，促进了人民币国际化进程，为有色金属、铁矿石等其他商品推出国际化期货品种积累经验。同时，建立中国本土的原油及其他大宗商品的国际期货市场，能够为"一带一路"相关能源和矿产国家提供市场交易机会，建立新型的国际产业分工，从而促进各国间合作共赢，共同迈向新一轮的经济全球化。

第二十四章

中国钢铁业成功应对美337 调查

第一节 背景意义

随着国际贸易争端加剧，中国钢铁行业在国际市场的价格优势，受到北美、欧盟、南美等多个地区的贸易抵制。2016 年 4 月，美国国际贸易委员会对中国出口美国的碳钢与合金钢产品展开了 337 调查，范围几乎涵盖中国所有大型骨干钢铁企业和对美出口钢铁产品，成为中美钢铁贸易史上首起涉及 337 条款的案件。如被调查企业裁定有违规行为，所生产产品或将永久被禁止进入美国市场，将影响到众多中国钢铁业海外市场的发展，为此相关中国企业纷纷积极应对。2018 年 3 月，美国国际贸易委员会终止对中国输美碳钢和合金钢产品的调查，意味着这起 337 调查最终以中国钢铁企业的胜诉而告终，这既反映出美国产业空心化的国内矛盾和让制造业回归的利益诉求，也深刻反映了国际贸易冲突对钢铁行业的影响。

第二节 主要内容

2016 年 5 月 26 日，美国国际贸易委员会宣布对中国出口美国的合金钢和碳钢产品开展 337 调查，针对中国钢铁行业三个诉点进行指控：一是在中国钢铁工业协会组织下，中国钢铁企业通过价格联盟、产量及出口等控制手段，对美国钢铁企业带来不正当竞争，即反垄断诉点；二是通过黑客对美国钢铁公司进行网络攻击，窃取商业技术秘密供高级高强度钢研发，随后将生产的中国钢铁产品出口至美国，即窃取商业秘密诉点；三是指控中国钢铁企业逃避美国反补贴和反倾销税令，从第三方国家转运钢铁产品到美国，即虚构原产地诉点。

此次 337 调查案中，美国钢铁公司请求有限排除令及禁止令和永久性普遍排除令，如任一诉点中国企业败诉，意味着中国的全部钢铁产品将被驱逐出美国市场，还将引发其他有关国家以贸易转移为由对中国钢铁产品采取进一步的贸易限制措施，必将对中国钢铁行业产生严重的打击，会对中国钢铁企业产生严重的市场影响。商务部迅速通知涉案企业和中国钢铁协会，鼓励行业协会和企业梳理评估相关法律事实和证据，积极开展应对此次 337 调查案法律工作。

在中国钢铁企业和行业协会的努力下，2016 年 11 月 14 日和 2017 年 1 月 11 日美国国际贸易委员会分别发布命令，支持中国钢铁要求终止反垄断、虚构原产地调查的动议；2017 年 2 月 22 日，美国国际贸易委员会行政法官裁定决定终止商业秘密诉点的调查；2018 年 3 月 19 日，美国国际贸易委员会裁定终止对中国钢铁的此次 337 调查。至此，美国宣告终止对中国钢铁的 337 调查，中方在反垄断、盗窃商业秘密、虚构原产地三个诉点上全部胜诉，这是中国企业首次胜诉同类案件，其意义不言而喻。

第三节　事件影响

美国是判例法国家，此次中国钢铁行业在美国 337 调查的胜诉，将成为中国企业在相关诉讼上的重要参考。另外，此次胜诉也在很大程度上激励中国企业在国际贸易争端中，要学会利用美国司法系统分散独立的模式，在不同的应诉情况下援引合适的案例积极应诉，维护自身合法权益。最后，此次 337 调查的胜利，在当前中美贸易争端日趋激烈的背景下，也将在很大程度上避免因中美贸易争端造成更大的损害。

第二十五章

汽车轻量化加快铝产业升级

第一节　背景意义

　　轻量化是汽车产业发展的重要方向，高强钢、铝、镁合金、碳纤维等材料都是理想的汽车轻量化材料，铝合金从碰撞性能、生产工艺和制造成本具有天然优势，容易适应汽车结构件对性能、价格、质量稳定性和供货响应速度等多重要求，是当前应用最广泛的汽车轻量化材料。近年来，由于环保和节能要求日趋严格，汽车轻量化既能降低燃油汽车油耗和排量，也是缓解新能源汽车续航里程的重要途径，成为汽车势不可挡的发展趋势。

第二节　主要内容

　　据统计，汽车质量每降低 100kg，每百公里可节约 0.6L 燃油，20 世纪 70 年代第一次和第二次石油危机期间，随着石油价格日益高涨，铝合金具有低密度和良好结构性优势，是理想的汽车轻量化材料，其制造的散热器、气缸盖与保险杠等部件开始被汽车制造商使用，此后铝合金在汽车中的使用比例不断提高。铝合金材料主要集中应用在汽车车身、底盘、发动机和车轮，包括车身结构件、车身覆盖件、底盘支架、发动机缸体缸盖、轮毂等，市场上也出现了全铝车身的车型，包括奥迪 A8、捷豹 XFL、福特 F-150、特斯拉 Model S 等。

　　2012 年，国务院发布《节能与新能源汽车产业发展规划》，对汽车能源消耗和污染排放制定限制约束要求，并提出未来优先发展铝合金汽车材料，中长期发展镁合金及碳纤维复合材料。目前，我国汽车轻量化程度较低，我国单车平均用铝量 120kg，低于全球单车用铝量。

第三节　事件影响

　　铝合金在汽车轻量化方面的优异性，加快了铝合金材料的应用，为中国铝加工产业升级创造了机遇，但铝合金材料成本是普通钢制材料的一倍以上，目前只能在高端车型上使用，未来要加快铝合金在汽车领域的普及，还需要汽车厂商和铝加工企业共同努力，开发更多合适的轻量化方案，解决使用成本问题，逐步下沉到更普通的车型。

第二十六章

复合硅酸盐水泥 32.5 强度等级取消

第一节　背景意义

伴随着我国经济的高速增长，大量低标号混凝土的使用，导致我国建筑工程质量常常发生问题，降低建筑物的寿命。我国经济转向高质量发展，要求提供高质量水泥产品，提高建筑物工程质量和整体寿命。2018 年 11 月 19 日，国家标准化管理委员会和国家市场监督管理总局批准 GB175-2007《硅酸盐通用水泥》3 号修改单发布，将于 2019 年 10 月 1 日起取消复合硅酸盐水泥 32.5 强度等级（PC32.5R），通过遏制不按标准使用混合材种类和不按标准控制混合材掺量的乱象，消除掺量不准和混合材种类不明对混凝土及制品质量的隐患，有利于提升熟料利用率与行业整合。

第二节　主要内容

2013 年，国务院发布《关于化解产能严重过剩的指导意见》，要求尽快取消 32.5 等级复合水泥产品标准，降低 32.5 等级复合水泥使用比重，开始了我国逐步淘汰通用 32.5 等级低标号水泥的进程。2014 年，《硅酸盐通用水泥》2 号修改单要求取消 32.5 等级标号水泥，对复合硅酸盐水泥 32.5 强度等级水泥暂时保留，但实际部分企业将 32.5 等级标号水泥用 32.5R 包装袋包装，淘汰力度有限；2016 年，国务院发布《国务院办公厅关于促进建材工业稳增长调结构增效益的指导意见》，再次明确要求停止生产 32.5 等级复合硅酸盐水泥。

从 2016 年开始，各省市纷纷出台取消 32.5 等级复合硅酸盐水泥的文件，确定了时间表和任务计划，如表 26-1 所示。

表 26-1　各地取消 32.5 等级复合硅酸盐水泥情况

时间	省市	文件	主要内容
2016 年	山西	《山西省促进建材工业稳增长调结构增效益实施方案》	提升水泥品质，全面停止生产 32.5 等级复合硅酸盐水泥，重点生产 42.5 及以上等级产品
2016 年	宁夏	《关于印发建材工业稳增长调结构增效益实施方案的通知》	从 2017 年起，停止办理含有 32.5 等级复合硅酸盐水泥企业的生产许可证手续，全区水泥（含水泥粉磨站）企业应重点生产 42.5 及以上等级水泥。其他类型 32.5 等级水泥产量原则上不得高于本企业同期内水泥产量的 30%，直至国家取缔 32.5 等级水泥标准为止
2016 年	重庆	《重庆市促进建材工业稳增长调结构增效益实施方案的通知》	加快水泥行业转型升级，停止生产 32.5 等级复合硅酸盐水泥，重点生产 42.5 及以上等级产品，发展高标号水泥和油井、大坝、道路等专用水泥
2017 年	四川	《关于印发促进建材工业稳增长调结构增效益的实施方案的通知》	明确停止生产 32.5 等级复合硅酸盐水泥，提高生产和使用 42.5 及以上等级水泥产品比重，重点发展高强水泥、专用水泥及特种水泥产品
2017 年	新疆	《关于按期取消 32.5 强度等级通用硅酸盐水泥的通知》	自 2017 年 5 月 1 日起，全面停止生产、销售 32.5 强度等级的通用硅酸盐水泥，施工单位不得使用 32.5 强度等级的通用硅酸盐水泥
2018 年	甘肃	甘肃省建材行业协会三届二次理事会议	2018 年要推进停止生产 32.5 等级水泥等工作，大力推进 42.5 以上等级以及特种专用水泥的应用
2018 年	上海	《上海市禁止或者限制生产和使用的用于建设工程的材料目录（第四批）》	2018 年 5 月 1 日前未通过施工图设计文件审查备案的相关项目，均应当严格执行。目录清单里的第一项就是禁止用强度等级为 32.5 和 32.5R 的通用硅酸盐水泥

数据来源：赛迪智库整理，2019 年 1 月。

2018 年 11 月，国家标准化管理委员会和国家市场监督管理总局批准 GB175-2007《硅酸盐通用水泥》3 号修改单，取消复合硅酸盐水泥 32.5 强度等级（PC32.5R），保留 42.5、42.5R、52.5、52.5R 四个强度等级，定于 2019 年 10 月 1 日起实施，此次标准修改后，32.5（R）级别水泥仅剩粉煤灰硅酸盐水泥、火山灰质、矿渣，至此全国范围将全部取消 32.5 强度等级复合硅酸盐水泥。

第三节　事件影响

　　水泥行业产能过剩主要是因为熟料产能过剩，低标水泥组分中熟料占比较少。取消 32.5 低强度标号水泥后企业转产高标水泥，提升水泥企业对水泥熟料的需求，有利于化解熟练产能过剩问题。从产品结构看，高标号水泥以大型水泥生产集团生产为主，低标号水泥以小磨粉站生产为主，此次取消低标号水泥有利于提升大型水泥生产企业的行业地位，加快小磨粉厂市场出清速度。另外，此次修改仍保留了矿渣、火山灰质、粉煤灰硅酸盐水泥，但目前没有对水泥组分的检测做出规定，给不合规企业留下继续生产和使用 32.5 标号水泥的机会，要最终解决低标号水泥淘汰问题还需要出台相关措施和配套办法。

第二十七章

工信部等 12 部门发布《关于持续加强稀土行业秩序整顿的通知》

第一节 背景意义

稀土是不可再生的重要战略资源,在战略性新兴产业和高新技术产业领域的应用日益广泛。近年来,持续打击稀土行业的违法违规行为,行业秩序不断改善,但受利益驱使,非法开采屡禁不止,冶炼分离产能扩张过快,生态环境破坏和资源浪费严重,高端应用研发滞后,出口秩序较为混乱等问题,严重影响行业健康发展。为进一步规范行业市场秩序、营造良好发展环境、推动我国稀土行业高质量发展,工信部等 12 部门发布了《关于持续加强稀土行业秩序整顿的通知》(以下简称《通知》)。

第二节 主要内容

2018 年 10 月 30 日,工信部、发改委等 8 部门发布了《关于组织开展稀土行业秩序整顿专项督查的通知》,分成 8 个督查组对内蒙古、江苏、福建、江西、湖南、广东、广西、四川等 8 个省开展为期一个月的督查,重点检查地方政府整顿工作部署落实、稀土企业政策落实、举报线索查处等情况,对存在无计划超计划生产、无证勘查开采、买卖非法稀土产品、污染环境、偷税漏税等突出问题的企业，以及工作不落实、监管不到位、查处不及时的地方，将向全国通报，并依法追究相关人员责任。

时隔两月，工信部等 12 部门再次下发《关于持续加强稀土行业秩序整顿的通知》，聚焦稀土资源开采、总量控制计划、资源综合利用、产品流通等重点环节，加强对压覆稀土资源回收项目、生产计划执行、资源综合利用企业原料使用、进出口管理等重点问题的监管和查处力度，旨在持续加强对稀土行业的秩序整顿，建立常态化工作机制，进一步规范市场秩序，提升行业发展质量。

在深化行业秩序整顿工作上，《通知》明确了绿色高效发展和推动功能应用两个主攻方向，在绿色高效发展方面，要求不断完善稀土开采、冶炼分离技术规范和标准，创建冶炼分离示范工厂，建设高水平、可移动、可示范的离子型稀土绿色矿山，强化稀土企业污染物排放和辐射安全监管。在推动功能应用方面，鼓励发展深加工应用产业，提升稀土新材料产品质量和智能制造水平，促进高丰度元素应用，支持建立国家级稀土功能材料创新中心，推动稀土新材料供应商先期介入下游用户产品研发，促进上下游产业协同发展。

第三节　事件影响

加强稀土行业秩序整顿的《通知》出台，建立了有利于稀土行业的高质量发展的常态化工作机制和打击违法生产的区域联动机制，对稀土违法违规企业保持高压态势，增强地方政府和重点企业主动作为、勇于担当的意识，将对稀土行业秩序整顿产生积极作用。同时，打造规范有序的市场秩序，也将为合法企业规范经营、上下游产业协同发展和稀土行业高质量发展，营造良好的营商环境。

展望篇

第二十八章
主要研究机构预测性观点综述

第一节　石化化工行业

一、平安证券

受国际油价、体制改革、能源安全、结构调整和绿色环保等因素的影响，2019年我国石油化工行业可能呈现出以下发展趋势。

一是原油对外依存度持续增加。我国原油需求量不断增长，但原油产量却增长乏力，预计2019年我国的原油对外依存度将持续增长，最高可达到72%。其中，从俄罗斯和美国进口的份额预计会提升，中东的进口份额会略微下滑。

二是天然气对外依存度大幅度提升。近年来，我国天然气需求快速增长，但天然气产量增速却相对迟缓，导致天然气进口量呈现爆发式增长。2018年前三季度天然气进口量达到886亿立方米，同比增长37.6%。预计2019年我国天然气的对外依存度将持续上升，将达到46%左右，进口量约1433亿立方米。

三是国内页岩气产量高速增长、煤层气产量稳定增长。近年来在天然气需求快速增长的驱动下，国内非常规气产量快速增长。预计2019年页岩气和煤层气的产量将分别达到145亿立方米和75亿立方米，同比增长25%和3.6%。

四是民营大炼化投产，改变聚酯行业格局。民营大炼化即将进入投产阶段，届时国内聚酯行业的产业格局将随之发生变化，一方面改变了我国对二甲苯进口依赖度较高的现状，另一方面将使国内企业占据产业链上游，获取丰厚的利润。

五是乙烷裂解装置投产，改变乙烯行业格局。我国将于2019年投产新浦化学泰兴项目，该项目年裂解轻烃110万吨，聚合级乙烯65万吨，是中国第一家乙烯裂解装置。投产后将引领中国乙烯行业格局发生深刻变化。

六是工程塑料对外依存度降低。我国将于 2019 年投产多个聚碳酸酯新建项目，届时中国聚碳酸酯多年完全依赖外资企业和进口的局面将被打破。在五大通用工程塑料中，聚碳酸酯用量最大、增速最快。因此，聚碳酸酯新建项目的投产，将大大降低我国工程塑料的对外依存度。

七是乙醇汽油促使碳四产业转型升级。我国将于 2019 在全国范围内推广乙醇汽油，停止使用甲基叔丁基醚调和汽油，届时甲基叔丁基醚市场将受到强势冲击。同时，全国 90%的异丁烯都用来生产甲基叔丁基醚，若甲基叔丁基醚停止使用，大量的异丁烯也将失去市场，进而影响到国内整个碳四深加工产业的发展。

八是油品升级，推进绿色发展。我国将于 2019 年实行国 VI 汽柴油标准，加快柴油领域三油并轨升级，届时柴油车、农用机械和柴油动力船舶排放将进一步降低。

二、天风证券

在原油方面，从石油输出国组织剩余产能及其对减产的态度来看，国际原油市场波动有望缓解，大概率不会重演2015年第二阶段暴跌的格局，中枢价格可能会出现在 55 美元/桶附近。

在炼油方面，受民营大炼化项目建设的影响，2019 年我国炼油产能可能会大幅度增加，引起成品油市场产能过剩，但国际海事组织低硫船燃政策的实施有望缓解这一趋势，会支撑柴油盈利。

在聚酯方面，2019 年涤纶长丝景气度受供需平衡关系影响，对苯二甲酸恰逢产能投放真空期，对二甲苯在短期内可能出现价格畸高现象，待民营炼化对二甲苯项目投产后，产业链利润有望重新分配。

在烯烃方面，2018 年 1—9 月表观需求量1561 万吨，同比增长 2.9%，而产能增长预估 7%，供需格局趋向宽松。2019 年我国将建设大量乙烷裂解项目，届时乙烯和丙烯产能将大幅度增加。预计2019年乙烯、丙烯国内产能增速将分别接近 20%和15%，供给增大。此外，由于原料轻质化成本优势显著，可大幅度压缩传统路线利润空间，率先投产的乙烷裂解项目有望很快实现盈利。

第二节　钢铁行业

一、平安证券

受中美贸易摩擦影响，2019 年我国经济发展的外部环境更加严峻，下行压力较大。就钢铁行业而言，我国将继续推进供给侧结构性改革，但政策着重点将会从去产能向转型升级、优化产业布局转移，政策对冲力度在一定程度上增大。在此背景下，2019 年我国钢铁行业可能呈现出以下发展趋势。

一是一季度钢材需求为全年最低。2018 年第四季度，我国经济下行趋势明显，加之政策效果具有一定的滞后性，2019 年第一季度经济形势不容乐观。同时，第一季度常常为钢铁行业需求的淡季，故而 2019 年一季度钢材需求可能为全年最低。

二是基建用钢需求保持同比增长。在经济下行压力较大的情况下，政府会推动基建投资以维护经济稳定增长。2018 年 7 月 23 日和 7 月 31 日，国常会和政治局会议匀定下了以基建稳定经济增长的基调，10 月 31 日，国办发布《关于保持基建补短板力度的指导意见》，将基建确立为稳定经济增长的主力。因此，2019 年基建投资增速有望加大，扩大用钢需求。

三是全年粗钢表观消费量同比小幅增长，产能利用率小幅回落。我国粗钢表观消费量与固定资产投资增速间存在明显的正相关。根据该规律进行情景预算，表明 2019 年粗钢表观消费量有望保持小幅增长。2018 年我国粗钢产能利用率已达到 93.5%，创下历史新高，加之全年需求增速下降，故而 2019 年粗钢产能利用率可能会小幅回落。

四是进口铁矿石价格中枢在 80 美元/吨左右。预测 2019 年四大矿山发货量同比增加 2700 万吨左右，少于 2018 年同期水平。但是，由于钢铁产能难以增长、短流程炼钢逐步替代部分高炉炼钢以及港口铁矿石库存持续高企等因素限制，铁矿石需求增长无望。因此，预计 2019 年进口铁矿石全年价格中枢在 80 美元/吨左右。

五是焦炭价格中枢高于 2018 年的平均水平。受环保限产及"以钢定焦"政策的影响，焦炭供需在短期内趋于偏紧，焦炭价格有望小幅增长。预计 2019 年焦炭价格中枢在 2000 元/吨 ~ 2200 元/吨区间波动，高于 2018 年的平均水平。

六是长材价格高于板材价格。展望 2019 年，中美贸易摩擦前景不明，汇率走势不确定因素较多，为制造业发展带来很多的不确定性，导致板材需求难以超越长材，全年价格走势也将弱于长材价格。

七是钢企成本费用水平下降。一方面，钢铁企业逐步加大了对标挖潜力度，企业期间费用率趋于下降；另一方面，我国不断出台减负的政策和措施，推行减税降费，近期中央许多重要会议又发出了明确的减税降费政策信号，企业费用将再次降低。

二、国信证券

一是钢材消费增速回落。在房地产方面，上半年受到房地产新开工的拉动，钢材消费同比有望持平，但下半年则会受到房地产销售增速下滑及房地产企业拿地不积极的影响，消费呈现下滑趋势。在汽车行业方面，钢材消费可能会有所下降。在机械行业方面，钢材消费可能会略有增长。综合来看，2019年全年钢材消费增速将维持在0.5%~1%。

二是库存周期下行，产能周期回升。在库存周期方面，我国正处于顶部向下的阶段。在产能周期方面，我国正从产能扩张阶段向设备更新换代阶段过度，处于周期回升阶段。在此背景下，板材（特别是中厚板）产品的需求量可能会保持在较高水平。

三是产量略有增长。目前，我国钢铁行业已从直接去产能向落后产能减量置换过度，加之环保成效显著，钢铁行业有望释放一定的潜在产能。但在钢材消费持平或者略微下降的情况下，钢铁行业产能也不会大幅度增加。预计2019年我国粗钢产量将增长1500万吨左右。

四是双焦价格坚挺，铁矿趋弱。受环保限产、安全检查、"以钢定焦"等因素的影响，2019年焦煤和焦炭的产能将出现紧张趋势，全年价格有望维持在较高水平。同时，预计2019年全球铁矿石需求增量会略低于产量，导致铁矿石价格难以增长。

第三节　有色金属行业

一、天风证券

一是铜、铝等基本金属有望上涨，但是仍然面临较大压力。基建投资回暖，有望增加相关性较强的铜、铝等金属新需求，金属价格有望上涨，但是经济处于转型期，GDP增速面临下降风险，房地产竣工面积开始下降，消费端空调和汽车产量出现负增长，铁路投资和道路投资增速有所回落。

二是随着新能源汽车终端需求持续向好，新能源上游相关材料如锂、白银、镍等金属的需求持续增长。

三是贵金属有望出现较大涨幅。美国经济已经开始从绝对优势向相对优势转化，黄金与美元呈负相关关系，美元开始趋势性下跌，可能带来黄金价格新的上涨。

二、平安证券

有色金属产业总体需求将持续低迷状态。2019 年，全球及中国经济将表现复苏乏力、固定资产投资和消费低迷，国际贸易争端增加，有色金属需求将受到较大的影响。

工业金属：2018 年，铜行业价格虽有一定增长，但总体呈下行趋势；铝金属价格表现低迷，氧化铝价格依然坚挺，企业盈利恶化；锌价格依然持续低迷走势，预计 2019 年工业金属行业业绩依然继续承压。

贵金属：受美国经济增长放缓及货币政策调整可能性增加的影响，2019 年贵金属价格有望提升，贵金属企业业绩不断改善。

小金属：随着新能源汽车电池产业的火热投资，对小金属将带来新的增长需求，2018 年小金属中钨钼钛供给收缩，价格出现了较大的上涨，而能源金属钴、锂尽管价格回调，锂价格回调较大，预计 2019 年，部分能源小金属价格有回调压力。

第四节　建材行业

一、东北证券

东北证券预测，2019 年，我国水泥行业市场依然保持平稳，区域间会出现差异；基建行业回暖会带来新的需求增长点，消耗新增产能；结构性改革会带来熟料供应紧张，环保受限下利于行业资源整合。具体主要表现为以下四点：

一是水泥行业 2019 年新增产能对行业整体冲击不大，但是各地区的冲击影响存在差异。2018 年，全年新增熟料产能约 2043 万吨，与 2017 年新增熟料基本持平。去年新点火的熟料生产线西南地区占比最高，华东地区受新增产能冲击较小。

二是基建呈现回暖态势，会带来新的市场增长需求。中国铁路在 2019 年将继续投产新线 6800 公里，发改委连续批复雄安新区等一系列新的城市规划，2019 年基建回暖的态势愈加明显。

三是行业结构的改革，会给水泥熟料带来新的市场需求。国家市场监督管理总局标准委发布了《通用硅酸盐水泥〈第 3 号〉修改单》，规定将全面取消32.5 等级复合硅酸盐水泥，提高水泥标号，对水泥强度指标提出了更高要求，预计熟料需求和产能利用率将有所提升。

四是在绿色发展的总基调下，2019 年水泥行业产能，依然会面临环保受限影响。在 2018 年总体库存水平微升的情况下，2019 水泥供需基本保持平衡，价格大幅上涨难度较大。

二、华泰证券

玻璃方面。2018 年玻璃价格较年初有明显回落。展望 2019 年，玻璃价格有望稳步回升，一季度或有良好表现。2017 年销售高峰房屋的集中交房期限临近，地产竣工增速有望带来需求的明显改善。同时由于监管严格、督查频繁、成本高企等因素，企业冷修复产意愿下降，供给冲击有望减小。

水泥方面。展望 2019 年，水泥企业全年盈利有望维持稳定，或保持高分红水平。中央经济工作会议要求宏观政策要强化逆周期调节，同时加大基础设施补短板力度，有望对水泥需求形成有力支撑。

玻纤方面。国内玻纤受短期库存压力及企业竞争加剧影响，有可能造成价格下跌，但2018年行业新增供给与需求基本匹配，未来行业成长有望从粗放式产能扩张向技术升级转变。

第五节　稀土行业

一、东北证券

在行业整顿的同时适度扩大生产计划，保证稀土稳定供应，实现由"黑向白"的生产流通格局转变，将促进稀土行业运营规范化、透明化。一方面稀土行业整顿持续，专项督查确保政策落实。八部委发布通知，在全国 8 个省市开展稀土专项督查，重点检查 2017 年以来各地实际落实整顿情况，核实企业的政策落实情况，此次稀土专项督察是国家部委层面对各地近两年组织的专项核查的再审查。1 月 4 日，工信部、发改委、自然资源部等 12 个部门又联合发布了《十二部门关于持续加强稀土行业秩序整顿的通知》，明确要加强稀土行业秩序整顿的任务分工、主要目标和落实举措，便于中央和各地形成部门合力，加强对违法违规行为的惩治力度，稀土整顿行动一定程度上有助于收缩行业隐形供给，提振稀土价格。另一方面，稀土开采指标增加，行业合规供应体系逐渐完善。2018 年稀土开采指标已由 10.5 吨扩至 12 万吨，稀土分离指标由 10 万吨扩至 11.5 万吨。

二、中国铁合金报

稀土氧化物和金属。2018 年是环保检查、稀土打黑常态化的一年。工信部稀土办联合技术、检测等领域专家，对六大集团的各大稀土企业进行严密检查。同时，稀土开采指标控制加强，导致稀土氧化物/金属供需紧张的局面还在延续，2018 年整年的稀土价格变动较大。2019 年环保要求将更严格，国外最大稀土厂莱纳斯停工核查；另外，缅甸矿进口困难，云南腾冲暂时开关 5 个月，重稀土价格有望坚挺并上涨。

稀土合金。一是 2019 年稀土镁硅可能出现有价无市局面。稀土镁硅受金属镁、硅铁、兰炭等生产成本增加影响，稀土镁利润空间愈加压缩，稀土镁硅市场在多方压力下，挺价承压，但是下游铸造厂集中的几个区域如河南、河北、山东等地区受环保影响，缩减开工，且下游市场需求量缩减，不能对稀土镁价格形成支撑。二是稀土硅铁行情走势，稀土硅价格上调仍显乏力。因环评压力使下游铸造厂开工率低，铸造厂大规模复工近期无希望，稀土硅出货仍受限制。近期，稀土硅生产厂家基本以接单生产为主，无库存压力；暂时停产以待后续的一些厂家库存很少，如市场无重大利好政策支撑，预测后市维持平稳运行。

第二十九章

2019年中国原材料工业发展形势展望

第一节 原材料工业总体形势展望

预计 2019 年，全球经济温和增长，国内经济平稳发展，我国原材料工业继续呈现稳定的发展态势，投资规模继续扩大，进出口贸易缓慢增长，产品价格震荡调整，行业经济效益持续改善。

一、生产小幅增长

预计 2019 年，我国原材料工业生产将小幅增长，但增速会放缓。

一是全球经济增长动能有所削弱，下行风险增大。IMF 预计，2019 年全球经济增长 3.7%，与 2018 年基本持平。美国经济受贸易保护主义影响，经济增速可能回落；欧洲经济中长期下行风险开始累积，经济增速进一步放缓；日本经济继续保持中低速增长态势；新兴经济体和发展中国家经济普遍面临金融风险增大和流动性约束带来的经济下行压力，经济增速放缓［杨长湧，《世界经济 2018 年形势和 2019 年展望》，中国宏观经济研究院对外经济研究所］，我国原材料产品的国际需求将有所减少。

二是我国经济下行压力加大，但总体保持平稳。IMF 预计，2019 年我国经济增速为 6.2%，略低于 2018 年 6.6%的增长水平。尽管我国经济运行稳中有变，长期累积的风险隐患逐渐暴露，但经济总体保持平稳，工业生产稳中扩大，稳定了原材料企业的生产预期。

三是主要下游行业需求增速放缓。2018 年 1—10 月房地产开发投资同比增长 9.7%，较 1—9 月回落 0.2 个百分点，其中房屋新开工面积同比增长 16.3%，较 1—9 月回落 0.1 个百分点，受房地产政策收紧影响，预计 2019 年房地产开发投资增速会放缓；2018 年 1—10 月汽车产销同比增速均小幅下降，预计 2019 年汽车产销增长幅度不会太大。受下游需求增速放缓影响，原材料企业大规模扩大生产的可能性不大。

二、投资规模继续扩大

预计 2019 年，在国内经济平稳增长和下游主要行业投资增加的带动下，我国原材料工业投资规模会进一步扩大。一方面，2018 年 1—11 月，发改委审批核准了 150 个、总投资超过 8000 亿元的固定资产投资项目，多集中在交通运输、能源等基础设施建设领域，将显著增加对钢铁、有色金属、建材等大宗原材料产品的需求。另一方面，"三去一降一补"等工作深入推进，钢铁等行业的去产能工作取得积极成效，2016—2018 年我国钢铁去产能超过 1.5 亿吨，取缔地条钢 1.4 亿吨，行业经济效益出现好转，尤其是钢铁行业扭转了多年来微利甚至亏损的局面，将刺激企业增加投资。但在原材料工业去产能的大背景下，原材料工业投资规模增长幅度有限。

三、进出口贸易缓慢增长

预计 2019 年，我国原材料产品进出口贸易将缓慢增长。出口方面，全球经济下行压力增大，主要发达经济体经济增速将有所下降，新兴经济体经济增长不确定性增强，特别是贸易保护主义愈演愈烈，我国原材料产品出口难度将增大，但在下行压力，经济增速放缓和需求量缩减，不能对稀土镁价格形成支撑。

稀土硅铁行情走势。稀土硅价格上调仍显乏力。因环评压力使下游铸造厂开工率低；一系列促进外贸增长和通关便利化措施的实施，以及国际进口博览会的举行，将拓宽我国进口市场空间，刺激原材料产品的进口需求。

四、产品价格震荡调整

预计 2019 年，在国内外需求平稳增长和产能陆续释放的影响下，我国原材料产品价格将震荡调整。钢材价格受全球经济下行压力增大、贸易摩擦增多和产能释放保持较高水平的影响，存在较大的下跌风险，但受到原燃材料价格上涨的支撑，钢材价格难以大幅下降。化工产品价格在环保政策趋严、供给减少的影响下，存在一定的上涨空间。有色金属产品价格受全球矿企资本支出减少、我国供给侧结构性改革深入推进、环保限产等因素的影响，整体呈现震荡上涨的态势。

第二节　分行业发展形势展望

一、石化化工行业

从国际来看，美国通过中美经贸摩擦对我国进行全方位打压和遏制，受保护主义和单边主义影响，全球经济面临的下行压力持续加大，国际货币基金组织警告称"全面贸易战使全球经济增长放缓"，经合组织报告称"美中贸易战将严重影响全球经济增长"。此外，受国际石油供需再平衡速度、地缘政治局势和美国对国际油价影响等因素多方博弈，国际石油市场走向不确定性增加。面临发展的环境越来越复杂，石化行业发展的不确定性和下行风险越来越多。

从价格角度来看，随着全球经济调整减速，2019 年油价极大概率仍将继续低位运行。综合国际政治经济复杂环境，今后一个较长周期内低油价可能成为新常态。与油价联动，国内煤炭价格也将回落，低油价、低煤价将向石化产业链传导，石化产业链价格体系或将重构。

2019 年，特别是上半年，部分市场供需矛盾或将激化，价格会出现低位震荡。预计 2019 年石油和天然气开采业价格总水平降幅为 10%，化学工业价格总水平降幅为 3%。但有技术壁垒和市场余量的高端化学品行业效益将进一步扩大，基础原材料产品价格的下跌给高端化学品价格带来长期的技术和市场溢价。

从生产角度来看，石化行业在下行压力持续增加的同时，市场竞争日趋激烈。石化产能不断增加，国内多个新的炼化一体化装置陆续投产，埃克森美孚、巴斯夫等一流跨国公司携技术独资布局南方大项目，加大在中国的投资力度，而国内浙江石化等企业仍在上马新一期项目，并规划未来项目，未来化工产品市场竞争将越来越激烈。

从消费角度来看，2019 年石化行业将稳中求进，国家将出台强有力的持续增加措施的同时，市场竞争日趋激烈。石化产能不断增加，国内多个新的炼化一体化装置进一步深化，行业高质量发展和新旧动能转换到了红利释放的关键阶段，一大批高端石化项目将陆续建成投产，减少了对国外产品的进口依赖，填补了国内空白，带动石化行业消费结构升级。

二、钢铁行业

从整体看，2019 年我国钢铁生产将小幅增加，需求端整体保持稳定，受供需关系的影响，钢铁均价将略微下降，钢铁企业利润逐渐回归理性。

从生产角度看，粗钢产量会呈现小幅增长趋势。一方面，今年钢铁行业市场秩序进一步向好，现有盈利水平会促进合规企业提高粗钢产量，2019 年上半年企业产能利用率会因此有所提升。同时受环保和国内废钢资源增长的影响，短流程电炉钢产量呈现增长趋势。另一方面，2019 年钢铁行业仍会以供给侧结构性为主线，巩固去产能及环保成果，降低资产负债率，从而对钢铁产量增长造成一定程度的抑制，整体预计粗钢产量会呈现小幅增长趋势。

从消费角度看，钢铁需求将整体保持稳定。国内方面，2019 年房地产行业能够维持较好的发展格局，基础设施建设领域补短板，投资增加，有望拉动部分钢铁需求；汽车、家电等行业受宏观经济及贸易摩擦影响可能整体偏弱。进出口方面，受国内供需影响，钢铁价格转弱会拉动部分出口，然而受贸易摩擦及贸易保护主义抬头的影响，出口不容乐观，整体预计平稳发展。

从价格角度看，一方面，2019 年供给端钢铁产量提升，需求端保持稳定，整体上表现为供给稍大于需求，受供求关系的影响，价格将稍稍转弱；另一方面，受原料市场焦炭等价格高位震荡的影响，整体成本对钢铁价格形成直接的支撑。预计 2019 年钢铁企业的利润将回归到理性区间。

三、有色金属行业

铜：受我国去杠杆节奏以及美国加息节奏可能放缓影响，有色金属整体价格特别是具有较强金融属性的铜的价格有望上涨，但考虑到中美贸易争端的不确定性，预计 2019 年铜价格运行适中。从生产端看，铜精矿的铜供应增速将下滑，但受铜精矿 TC/RC 高位推动及提升电解铜国内自给率需求，2019 年国内预计新增精炼产能将超过 90 万吨，国内铜供应并不短缺。从消费端看，受电网投资、新能源汽车和家电消费推动，铜消费有望保持低速增长。预计 2019 年铜价在 48000 元/吨~56000 元/吨宽幅区间震荡。

铝：从生产端看，电解铝利润空间大大压缩，企业开工积极性不高，致使 2019 年新增产能有限、启动时间慢，且由于 2018 年电解铝去库存，未来库存压力不大，电解铝供应压力不大。从消费端看，受中美贸易摩擦影响，我国铝材出口并不乐观。预计 2019 年电解铝价格在 13500 元/吨~15000 元/吨。考虑到目前电解铝价格处于相对低位，受成本支撑，价格继续下跌空间相对有限。

铅：从生产端看，国外矿山增产未达预期，国内精矿产量下滑，铅精矿供应紧张，铅冶炼加工费维持相对低位，且受国内环保影响，精炼铅生产不稳定性增大，再生铅生产有望超过上年。从消费端看，受新能源以及新政策影响，铅酸蓄电池领域或将出现负增长，而移动通信基站设备等新应用尚未形成有效支撑。预计 2019 年铅价格将承压运行。

锌：国外矿山新增产能进一步增加，国内维持稳步生产，锌精矿供应增加；受锌冶炼利润较为丰厚影响，精炼锌产能缓慢释放，供应压力逐渐增大，库存将缓慢回升；但下游消费难以有明显增加。预计 2019 年锌价格承压运行，但应关注环保政策对于精炼锌价格的影响。

四、建材行业

随着全球经济的稳健复苏，国内经济稳中向好，预计 2019 年建材行业的整体经济效益有望继续好转；受锌冶炼利润较为丰厚影响，精炼锌产能缓慢释放，供应压力逐渐增大，库存将增加。

从生产角度看，2018 年国内水泥产量继续回落，但从第四季度看来，需求总体稳中有升，行业库存处于低位运行。预计 2019 年，去产能和环保政策等仍将继续，精炼锌产能缓慢释放，供应压力逐渐增大，库存将缓慢回升。

从消费角度看，一是水泥等传统建材产品受基建、房地产等因素影响较大，预计 2019 年基础设施和轨道交通建设有望增强，尤其雄安新区与京津冀一体化建设的启动，对传统建材产品形成有效拉动；二是随着生活水平的不断提高，对节能门窗、薄型瓷砖等节能型绿色建材产品的需求不断增加；三是随着工业的转型升级和高质量发展，建材新兴产业对工业的支撑作用也不断增强，非金属矿物功能材料等有望得到快速发展。

从价格角度看，随着水泥供给收缩，下游基建等需求不断增加，预计 2019 年水泥价格整体有望上浮，但整体较为平稳，需求旺季周期会呈现小幅度震荡。平板玻璃随着新增产能释放，价格有望小幅上涨，但年中随着天气转暖，限产取消，地产需求走低明朗，供需市场转为宽松，价格有望回落，预计 2019 年平板玻璃市场价格有望呈现先扬后抑的发展态势。

从总体来看，2019 年建材行业的发展增速将继续放缓，但随着国家化解过剩产能不放松、大力发展新兴产业，产业结构调整方面有望取得积极进展，高附加值产品占比不断提高，绿色建材等产业快速发展，石墨烯等前沿新材料进展顺利，建材行业整体发展质量和效益将有所提高。

五、稀土行业

（一）2018 年全球稀土矿产量约 19 万吨

中国、澳大利亚、巴西、印度、马来西亚、俄罗斯、泰国和越南是目前主要的稀土生产国。2014 年以来，全球稀土矿产量持续增长，预计 2018 年全球稀土矿产量约 19 万吨。其中，我国稀土矿产量计划为 12 万吨；澳大利亚的矿产量约 2 万吨；缅甸稀土矿产量大约 2 万吨；美国 Mountainpass 矿从年初复产，产量约 2 万吨；2019 年新投产的彩虹公司位于布隆迪的稀土矿产量大约 1000 吨左右，其他国家产量近 1 万吨（见表 29-1）。

表 29-1　国外主要稀土项目情况

公司	产能（吨/年）	国家	状态
美国芒廷帕斯稀土矿	400000	美国	委托经营
澳大利亚莱纳斯	20000	马来西亚	在产
俄罗斯稀土公司	2000	独联体	在产
Peak Resources	—	坦桑尼亚	拟建（英国）
澳大利亚黑斯廷斯公司	—	澳大利亚	拟建
巴西南美矿物公司	1000	巴西	在产
澳大利亚北方矿业	—	澳大利亚	拟建
Mineria Activa	—	智利	拟建（矿山）
印度稀土公司	4500	印度	在产
Dong Pao	7000	越南	在建
南非弗朗提亚公司	5000	南非	拟建
彩虹公司	1000	布隆迪	生产
拟建约 9 家	—	哈萨克斯坦、越南、加拿大、南非等	拟建
东南亚	金属冶炼	泰国	在产
	回收+金属	越南	在产
	分离	老挝	停产
	矿山	缅甸	在产

数据来源：陈占恒，国外稀土资源开发与稀土供求关系，赛迪智库整理，2018 年 12 月。

随着市场好转，澳大利亚莱纳斯公司进一步扩大产能至 2.5 万吨，其中氧化镨钕供应能力达 600 吨/月，年产量约 7200 吨。2018 年第四季度莱纳斯稀土氧化物销量达到 5522 吨，营收 7990 万澳元。尽管稀土氧化物产量比上一季度下降了 798 吨，但仍实现了创纪录的销量。尽管莱纳斯公司在海外存在问题，但其国内业务在上年第四季度表现良好。在澳大利亚西部的 Mt Weld 项目中，该公司得以启动其计划中的采矿活动。

（二）全球稀土资源储量格局发生变化

缅甸、马来西亚、美国、印度和爱沙尼亚是我国稀土产品的主要进口国。马来西亚、美国、印度和爱沙尼亚是稀土矿物产品来源国，俄罗斯、哈萨克斯坦和朝鲜是潜在的稀土矿物产品来源国，其他国家则是稀土产品回收来源国。

日本将全面启动深海矿产资源开发。由日本工业技术研究院和海洋研究开发机构组成的研究小组将于 2 月份在政府的支持下，对南鸟岛附近海域稀土泥中的稀土金属含量进行调查。此外，还将对冲绳附近海域的热水沉积进行研究。

附录 A

我国新材料产业统计研究

新材料产业是新一轮工业革命的基础和先导，是战略性新兴产业和高端制造的支撑和保障，是实现中国制造强国战略可持续发展的基础。目前，我国已初步形成包括研发、设计、生产、应用，品种较为齐全的自主的新材料产业体系。2016 年年底，国家新材料产业发展领导小组成立，《新材料产业发展指南》发布，我国新材料产业开启跨越式发展新局面。新的发展形势，迫切需要在国家层面进一步明确新材料内涵、范围，制定统一的新材料产品分类目录，开展新材料产业统计监测，推动新材料产业健康发展。

一、开展新材料产业统计的必要性

（一）贯彻落实党中央、国务院对统计工作的要求

党的十八大以来，党和国家明确提出要探索统计规律、健全统计法律法规，完善统计管理体制，改革统计制度方法，有针对性补上统计领域"短板"，加快健全新产业、新业态等新动能统计，加强社会领域统计，确保统计数据真实可靠，为国家各项决策部署提供科学支撑，更好服务宏观调控和经济社会发展。为此，国务院颁布了《中华人民共和国统计法实施条例》，并于 2017 年 8 月 1 日开始施行。习近平总书记在最近的一次政治局会上强调，要加强顶层设计，抓紧出台推动高质量发展的指标体系、政策体系、标准体系、统计体系、绩效评价、政绩考核办法，使各地区各部门在推动高质量发展上有所遵循，进一步体现了党和国家对统计工作的高度重视。

（二）做好统计监测是"十三五"新材料产业发展的重点

新材料产业继"十二五"成为 7 大战略性新兴产业后，又被列为中国制造强国战略重点发展的 10 大领域之一，并发布了《新材料产业发展指南》。为加快推进新材料产业发展，国务院决定成立国家新材料产业发展领导小组，彰显出新常态下国家对于新材料产业的战略规划高度。开展新材料产业统计监测是全面掌握产业运行状况和发展趋势、推动产业健康发展的基础性工作，该项工作的科学性、准确性、系统性和及时性将直接影响到产业发展的整体判断和政策的制定实施。完善战略性新兴产业分类中有关新材料产业的内容和指标体系，制定新材料产品统计目录，组织开展统计监测和预警，被写入《新材料产业发展指南》。

（三）战略性新兴产业统计为开展新材料产业统计奠定了基础

2010 年 10 月，《国务院关于加快培育和发展战略性新兴产业的决定》（国发〔2010〕32 号）发布，提出发展新材料产业等战略性新兴产业的目标。相关部委和省市相继开展了该方面的研究实践工作。为进一步细化战略性新兴产业的具体内涵，国家发展改革委研究起草了《战略性新兴产业重点产品和服务指导目录》（2013 版）。为满足统计上测算工业战略性新兴产业发展规模、结构和速度的需要，国家统计局制定了《战略性新兴产业分类（2012）》（试行），将战略性新兴产业统计纳入工业统计报表制度。江苏、安徽、湖南、四川、上海、天津、武汉、宁波等省市先后开展战略性新兴产业统计工作。湖南、上海、江苏等省市已建立地方新材料统计系统，开展本省新材料产业的统计工作。

（四）新材料产业统计需要完善与改进

国家层面统一的统计框架仍在试行，省市层面结合各自的产业领域和重点产业基础制定了产品分类目录，导致现有分类、范围难以协调一致，统计数据质量有待完善。新材料细分领域庞杂、领域特点差异较大。国家发展改革委制定的《战略性新兴产业重点产品和服务指导目录》仅为指导性重点方向，产品细分宽泛、部分产品分类重叠、部分产品处于研发。国家统计局将战略性新兴产业统计小类与《国民经济行业分类》的小类相衔接，易于获得统计数据，但在同一行业代码下难以区分新材料和传统材料，尽管通过应用领域对新材料的统计标准进行了说明，仍涵盖部分传统材料，甚至涵盖零部件产品，且部分新材料产品在其他新产业中统计。

经过"十一五"和"十二五"时期，我国新材料产业发展迅速，但目前还未见到详细统计数据发布，不同部门公布的数据存在差异。"十三五"期间，新材料产业将加快推进，管理部门和地方政府需要准确及时掌握数据，制定精准产业政策；企业和投资机构需要明确发展的重点领域，找准企业发展方向。新材料产品分类目录已经成为制约"十三五"产业加快发展的重要问题。

二、现有相关统计体系情况

（一）国家层面制定的相关产品目录

1. 战略性新兴产业重点产品和服务指导目录

2010 年 10 月，国务院颁布了《国务院关于加快培育和发展战略性新兴产业的决定》（国发〔2010〕32 号）（以下简称《决定》）。《决定》指出，大力发展稀土功能材料、高性能膜材料、特种玻璃、功能陶瓷、半导体照明材料等新型功能材料，积极发展高品质特殊钢、新型合金材料、工程塑料等先进结构材料，提升高性能纤维及其复合材料发展水平，开展纳米、超导、智能等共性基础材料研究。

国家发展改革委会同相关部门，研究起草了《战略性新兴产业重点产品和服务指导目录（2013 版）》（以下简称《指导目录（2013 版）》），其中新材料产业主要包括新型功能材料、先进结构材料和高性能复合材料产业，约 280 项细分产品和服务。2016 年，相关部门对《指导目录》（2013 版）进行修订，删除了新型能源材料（锂离子电池材料、镍氢电池材料、燃料电池材料、储能电池材料、超级电容器材料、随机信息存储材料、压缩空气储能），增加高技术服务业，发布了《战略性新兴产业重点产品和服务指导目录（2016 版）》。

为推动国家战略性新兴产业发展规划顺利实施，满足统计上测算战略性新兴产业发展规模、结构和速度的需要，在指导目录的基础上，国家统计局制定了《战略性新兴产业分类（2012）》（试行）。该目录中加入了前沿新材料和新材料研究和技术服务。表 A-1 是《指导目录（2016）》、国家统计局《战略性新兴产业分类（2012）》（试行）和新材料产业"十二五"发展规划新材料产业分类的对比。

表 A-1　新材料产业分类对比

战略性新兴产业重点产品和服务指导目录（2016 版）	战略性新兴产业分类（2012）（试行）	新材料产业"十二五"发展规划
6.1.1 新型金属功能材料		6102 稀有金属材料
6.1.2 新型功能陶瓷材料	6.1.4 功能陶瓷制造	6401 先进陶瓷
6.1.3 稀土功能材料		6101 稀土功能材料
6.1.4 高纯元素及化合物	6.2.1 高纯金属材料冶炼制造	
6.1.5 表面功能材料	6.1.1 新型功能涂层材料制造	6399 其他功能性高分子材料
6.1.6 高品质新型有机活性材料	6.1.1 新型功能涂层材料制造	
6.1.7 新型膜材料	6.1.2 新型膜材料制造	6305 功能性聚合物膜材料
6.1.8 功能玻璃和新型光学材料	6.1.3 特种玻璃制造	6402 特种玻璃 6403 人工晶体
6.1.9 生态环境材料	6.1.5 电子功能材料制造	6103 半导体材料
6.1.10 高品质合成橡胶		
6.1.11 高性能密封材料		6301 特种橡胶 6303 高性能硅材料 6304 高性能氟材料
6.1.12 新型催化材料及助剂		
6.1.13 新型化学纤维及功能纺织材料		
6.1.14 其他功能材料	6.1.6 其他新型功能材料制造	6199 其他功能合金
6.2.1 高品质特种钢铁材料	6.2.2 高品质金属材料加工制造	6201 高品质特殊钢
6.2.2 高性能有色金属及合金材料	6.2.3 新型合金材料制造	6202 高强轻型合金
6.2.3 新型结构陶瓷材料		6401 先进陶瓷
6.2.4 工程塑料及合成树脂	6.2.4 工程塑料材料制造	6302 工程塑料
6.3.1 高性能纤维及复合材料 6.3.2 金属基复合材料和陶瓷基复合材料 6.3.3 其他高性能复合材料	6.3.1 高性能纤维复合材料制造 6.3.2 其他高性能复合材料制造	6505 高性能增强纤维 6501 树脂基复合材料 6502 碳/碳复合材料 6503 陶瓷基复合材料 6504 金属基复合材料
	6.4.1 纳米材料制造	6601 纳米材料
	6.4.2 生物材料制造	6602 生物材料
	6.4.3 智能材料制造	6603 智能材料
	6.4.4 超导材料制造	6604 超导材料
	6.5.1 新材料研究服务 6.5.2 新材料技术服务	6404 新型建材 6499 其他特种无机非金属材料

资料来源：赛迪智库材料工业研究所整理。

2. 中国高新技术产品目录

为加快我国高新技术产业发展，鼓励高新技术产品的生产，引导社会投资投向，优化资源配置，从整体上提升我国高新技术产品的市场竞争力，科技部、财政部、国家税务总局共同组织编制了《中国高新技术产品目录》（2006）。其中，新材料领域包括金属材料（0601）、无机非金属材料（0602）、有机高分子材料（0603）、精细化工（0604）4个类别，246种产品（金属材料87种、无机非金属材料74种、有机高分子材料17种、精细化工68种）。

其中，管理代码共8位数字（即XX XX XX XX），表示每个不同领域和范围的高新技术产品，主要为进行产品查询以及将来调整等管理用途服务。前两位数字对应高新技术产品领域，06表示新材料；第三、四位数字代表各领域中产品所属类别。第五、六位数字代表产品所属的小类；最后两位数字代表小类下的具体产品编号。

3. 工业和信息化部相关新材料产业分类

《新材料产业"十二五"发展规划》。新材料是指新出现的具有优异性能和特殊功能的材料，或是传统材料改进后性能明显提高和产生新功能的材料。主要包括特种金属功能材料、高端金属结构材料、先进高分子材料、新型无机非金属材料、高性能复合材料、前沿新材料6大领域。

工信部《战略性新兴产业分类（2012）》（新材料）。为了充分突出材料属性和功能特性，在国发〔2010〕32号文确定的4大类新材料基础上，将新材料产业进一步细分为特种金属功能材料、高端金属结构材料、先进高分子材料、新型无机非金属材料、高性能复合材料和前沿新材料6大领域。再根据每一领域新材料的定义和特性进行三级和四级目录划分。

《新材料产业发展指南》。"十三五"期间，新材料产业将以三大重点方向为导向[①]。

一是先进基础材料。主要是指具有优异性能、量大面广，且"一材多用"的新材料。我国百余种基础材料产量已达世界第一，但大而不强，面临总体产能过剩、产品结构不合理、高端应用领域尚不能完全实现自给等三大突出问题，迫切需要发展高性能、差别化、功能化的先进基础材料，主要有钢铁、有色、石化、建材、轻工、纺织等基础材料中的高端材料。

二是关键战略材料。是支撑和保障海洋工程、轨道交通、舰船车辆、核

---

① 《中国制造2025》重点领域技术路线图

电、航空发动机、航天装备等领域高端应用的关键核心材料，也是实施智能制造、新能源、电动汽车、智能电网、环境治理、医疗卫生、新一代信息技术和国防尖端技术等重大战略需要的关键保障材料。在国民经济需求的百余种关键材料中，国内约 1/3 完全空白，约一半性能稳定性较差，部分产品受到国外严密控制，主要发展高端装备用特种合金、高性能分离膜材料、高性能纤维及其复合材料、新型能源材料、电子陶瓷和人工晶体、生物医用材料、稀土功能材料、先进半导体材料、新型显示材料等高性能新材料。

三是前沿材料。革命性新材料的发明、应用一直引领着全球的技术革新，推动着高新技术制造业的转型升级，同时催生了诸多新兴产业。在发挥前沿新材料引领产业发展方面，我国的自主创新能力严重不足，迫切需要在 3D 打印材料、超导材料、智能仿生与超导材料、石墨烯等新材料前沿方向加大创新力度，加快布局自主知识产权，抢占发展先机和战略制高点。

中国制造强国战略中的新材料分类见表 A-2。

表 A-2　中国制造强国战略中的新材料分类

1 先进基础材料	2 关键战略材料	3 前沿新材料
1.1 先进钢铁材料	2.1 高端装备用特种合金	3.13D 打印用材料
1.1.1 先进制造基础零部件用钢	2.1.1 先进变形、粉末、单晶高温合金	3.1.1 低成本钛合金粉末
1.1.2 高性能海工钢		3.1.2 铁基合金粉末
1.1.3 新型高强韧汽车钢	2.1.2 特种耐蚀钢及 700℃00℃钢及粉末、单晶高温含金	3.1.3 高温合金粉末
1.1.4 高速、重载轨道交通用钢		3.1.4 其他 3D 打印特种材料
1.1.5 新一代功能复合化建筑用钢	2.1.3 特种铝镁钛合金	3.2 超导材料
1.1.6 超大输量油气管线用钢	2.2 高性能分离膜材料	3.2.1 强磁场用高性能超导线材料
1.1.7 轧制复合板	2.2.1 陶瓷膜产品	3.2.2 低成本千米级 YBCO 涂层导体
1.1.8 特种装备用超高强度不锈钢	2.2.2 离子交换膜产品	
	2.2.3 中空纤维膜产品	3.2.3 高电压等级超导限流器等应用产品
	2.2.4 渗透汽化膜产品	
1.2 先进有色金属材料	2.3 高性能纤维及复合材料	3.3 智能仿生与超材料
1.2.1 高性能轻合金材料	2.3.1 高性能碳纤维及其复合材料	3.3.1 可控超材料与装备
1.2.2 功能元器件用有色金属关键配套材料	2.3.2 高性能对位芳纶纤维及其复合材料	3.3.2 仿生生物黏附调控与分离材料
1.3 先进石化材料	2.3.3 其他高性能纤维及其复合材料	3.3.3 柔性智能材料与可穿戴设备
1.3.1 润滑油脂		
1.3.2 高性能聚烯烃材料	2.4 新型能源材料	3.4 石墨烯材料

1 先进基础材料	2 关键战略材料	3 前沿新材料
1.3.3 聚氨酯树脂	2.4.1 太阳能电池	3.4.1 电动汽车锂电池用石墨烯基电极材料
1.3.4 氟硅树脂	2.4.2 锂电池	
1.3.5 特种合成橡胶	2.4.3 燃料电池	3.4.2 海洋工程等用石墨烯基防腐蚀涂料
1.3.6 生物基合成材料	2.5 新一代生物医用材料	
1.4 先进建筑材料	2.5.1 再生医学产品	3.4.3 柔性电子用石墨烯薄膜
1.4.1 极端环境下重大工程用水泥基材料	2.5.2 功能性植/介入产品	3.4.4 光/电领域用石墨烯基高性能热界面材料
1.4.2 节能绿色结构-功能一体化建筑材料	2.5.3 医用原材料	
	2.6 电子陶瓷和人工晶体	
1.4.3 环境友好型非金属矿物功能材料	2.6.1 电子陶瓷	
	2.6.2 人工晶体	
1.5 先进轻工材料	2.7 稀土功能材料	
1.5.1 生物基轻工材料	2.7.1 稀土磁性材料	
1.5.2 工业生物催化剂	2.7.2 稀土光功能材料	
1.5.3 特种工程塑料	2.7.3 稀土催化材料	
1.6 先进纺织材料	2.7.4 稀土储氢材料	
1.6.1 高端产业用纺织品	2.7.5 超纯稀土材料	
1.6.2 功能纺织新材料	2.8 先进半导体材料	
1.6.3 生物基化学纤维	2.8.1 第三代半导体单晶衬底	
	2.8.2 第三代半导体光电子器件、模块及应用	
	2.8.3 第三代半导体电力电子器件、模块及应用	
	2.8.4 第三代半导体射频器件、模块及应用	
	2.8.5 450mm 大直径硅片	
	2.9 新型显示材料	
	2.9.1 印刷显示	
	2.9.2 柔性显示	
	2.9.3 激光显示	

数据来源：赛迪智库材料工业研究所整理

4. 生物产业统计

国家相关研究机构在 2006 年开展了生物产业统计工作实践，首先确定生物产业的定义和生物医药、生物农业、生物制造、生物能源、生物基材料、生物环保等领域的分类，并在充分借鉴国内外统计调查经验的基础上，结合我国国情和生物产业特点，选取了若干统计指标，通过 2006 年全国生物企业普查工作，明确各领域产业集中度及重点企业。国家发展和改革委员会高技术产业司联合中国生物工程学会，以重点企业为统计对象，定期收集数据进行汇总，至今已形成了连续的《中国生物产业发展报告》。

（二）地方政府部门的相关工作

目前，湖南、上海、江苏、深圳等省市已建立了新材料产业统计系统，成立新材料行业协会，开展新材料产业的统计工作。

1. 湖南省

湖南省由省统计局、省发展改革委和省经信委牵头，联合湖南省新材料产业协会，开展新材料产业统计监测工作。统计范围涵盖规模以上工业企业中有新材料产品生产的相关企业。调查对象为由省经信委、省统计局、省新材料产业协会联合认定的新材料企业，原则上每年更新一次。《湖南省新材料产业产品统计指导目录》每两年更新一次，由省统计局、省发展和改革委员会、省经济和信息化委员会牵头，联合湖南省新材料产业协会进行。统计工作由省经信委和省统计局共同组织实施，统计部门具体承办，调查方法为全面调查。统计指标包括企业生产新材料的工业总产值、工业销售产值、出口交货值，以及产品的生产量、销售量、库存量和销售额。数据上报和发布采取新材料企业按季度报送调查指标数据的方式进行，企业根据发布的目录自主申报，新材料产业数据统计局季度发布。

2. 上海市

2001 年，上海市经委委托上海市新材料协会编制了《上海市新材料产品统计指导目录》。2009 年，上海市经信委会同市统计局在行业内开展了调查工作，完成了《上海市新材料产品统计指导目录》《上海市新材料生产企业》《上海市新材料统计方法》的编制工作。并于 2012 年和 2015 年开展了新材料产业摸底调查。上海市《新材料产品统计目录》，每三年重新制定一次。

上海市开展新材料产业统计的主要做法如下[①]：根据《上海市新材料产品统

---

① 新材料产业统计方法的探索，陆立萍，《上海统计》，2002

计指导目录》，按照《国民经济行业分类标准》，对全市国民经济行业进行筛选，得出工业细分行业的目录，细分行业中的所有工业企业名单由上海市新材料协会进行筛选和认可，初步确定企业名单。根据名单，开展一次性重点调查；根据调查情况，再一次性对生产企业进行核定并最终确定全市新材料企业。最后通过企业代码和国民经济行业替代检索，得到全市新材料生产企业所涉及行业细分类。

目前，上海市经信委、发展改革委和统计局联合开展新材料产业的统计监测工作，由统计局负责具体实施。统计范围涵盖全市生产新材料产品的规模以上工业法人企业。统计指标包括经济指标（企业生产新材料的工业总产值、工业销售产值、出口交货值、利润总额）和生产指标（产品的生产量、销售量和销售额）。被调查企业采取联网直报方式报送数据。

3. 广东省及深圳市

广东省及深圳市已经推进数据统计渠道的建立。深圳市统计局"十三五"将进一步完善现行的《深圳市六大"战略性新兴产业"统计报表制度》，完善战略性新兴产业统计标准、统计指标，增强调查方法的科学性，规范统计调查过程，推动统计调查现代化，力争实现对新兴战略性新兴产业"四上""四下"全覆盖统计，不断增强统计数据的准确性、完整性和可靠性。

4. 山东省及青岛市

山东省经信委在《山东省新材料产业转型升级实施方案》中提出，借鉴江苏、湖南等省做法，建立新材料产业统计制度，为新材料产业发展提供行业分析和政策信息参考。青岛市在2004年开展了《新材料产业发展状况及指标体系研究》，设计了新材料产业调查指标体系，以全面反映一个地区的新材料产业发展的规模、基础状况，建立新材料发展状况按期公布制度。

（三）相关经验及问题

六点做法。一是，对湖南省经信委、深圳市经信委、中国石化联合会化工新材料专委会、深圳市新材料协会等的调研发现，对新材料产业的统计基本是按照"确定新材料产品目录、认定新材料生产企业、确定统计指标、企业定期申报"的模式进行。二是，具体实施上，湖南省和上海市的新材料产业统计监测工作是省市经济信委员会、统计局、新材料协会联合开展，由统计局负责具体实施；深圳市是市经信委委托深圳市新材料协会具体实施；生物产业统计由国家发改委联合中国生物工程学会进行。三是，均成立了新材料专家委员会，并充分发挥专家在产品目录制定和企业认定中的作用。四是，统计过程中，重点关注与新材料生产相关的大企业，湖南、上海、深圳等新材料产业发达地区的统计只覆盖规模以上工业企业，上市公司是可靠的数据来源。五是，湖南、上海坚持每年开展统计培训，指导企业填报。六是，坚持长期的数据统计和分析，研究新材料生产企业和新材料产业发展的大趋势，在一定程度上降低企业误报、漏报的概率。

四个问题：一是地方省市目录存在统计产品过宽问题；二是仅统计规模以上企业，统计数据可靠性高，统计可操作性强，但缺少高成长性和创新性强的中小企业的数据；三是如何提高企业上报数据的积极性；四是部分省市没有专人负责。

三、新材料产业统计体系

（一）新材料和新材料产业界定

科技部在《新材料及新材料产业界定标准（2004 年）》中对新材料的定义是：新出现或正在发展中的具有传统材料所不具备的优异性能的材料；高技术发展需要，具有特殊性能的材料；由于采用新技术（工艺、装备），使材料性能有明显提高或出现新功能的材料。国家发展和改革委员会高新技术司编写的《中国新材料产业发展报告（2009）》对于新材料的定义是：新材料是指新出现的或已在发展中、具有传统材料所不具备的优异性能和特殊功能的材料。《新材料产业发展指南》中对于新材料定义是：新材料是指新出现的具有优异性能或特殊功能的材料，或是传统材料改进后性能明显提高或产生新功能的材料。从各部门对新材料概念的界定可以看出，新材料包括两方面内容：一是研发新的成型技术和加工方法，合成或制备出具有高性能或具有特殊功能的新材料；二是对传统材料的再开发，使性能获得重大的改进和提高。新材料的范围和分类随着经济发展、科技进步、产业升级不断变化，通常按成分、性能和应用领域 3 个维度进行分类。

新材料产业的内涵由新材料和新材料技术、材料新技术及相关服务组成。其中，新材料技术是"制备、合成、加工、处理新材料的工艺"；材料新技术是"在不降低性能的基础上，有效降低制备、合成、加工、处理材料过程中的能耗、成本或减少污染的技术"。新材料产业涵盖新材料本身形成的产业、传统材料提升的产业，新材料技术，以及新材料研发设计、科技成果转化、知识产权服务、检验检测认证服务等。

（二）开展新材料产业统计的思路

1. 编制《新材料产业统计产品目录》

兼顾统计的准确性和可操作性，邀请院士、技术专家、经济专家及相关协会确定新材料界定原则，明确新材料细分范围，聚焦已产业化的新材料和引领行业发展的新材料，特别关注具有自主知识产权的材料及长期依赖进口、具有高技术含量的材料，充分吸收发改委和统计局的新材料产品品种，广泛征求行业协会、企业、专家意见，制定《新材料产业统计产品和服务指导目录》。

2. 确定新材料行业细类目录及生产企业

（1）工业细分行业目录。根据《产品目录》，按照国家统计局《国民经济行业分类标准》，对国民经济行业进行筛选，得出工业细分行业目录。

（2）新材料生产企业名录。对行业中的工业企业进行筛选、认可，初步确定企业名单。根据名单，开展一次性重点调查，根据调查结果，再次对生产企业进行核定，最后确定新材料生产企业。

（3）新材料产业涉及行业细分类。通过企业代码和国民经济行业替代检索，得到新材料生产企业所涉及的行业细分类。

考虑到新材料产业的特点，在重点调查中，对有关材料研究生产的研究院所及高校同时进行调查。

3. 确定统计指标

按照可操作性的原则，确定用经济指标和生产指标来反映新材料产业的发展状况。

4. 确定统计调查方法

以产品法统计为主体，定期调整产品指导目录，进行新材料抽样调查或重点调查，为调整和确定统计系数打基础。

（三）新材料产品和服务统计指导目录

1. 分类原则

对应原则。原则上要求新材料产业的第三层对应国民经济行业分类的小类条目（四位码）和《统计用产品分类目录》的小组条目（十位码），但当同一行业分类的小类或中类全部为新材料产业的内容时，则直接对应《国民经济行业分类》的中类或大类；当同一产品或服务的小类、组和小组全部为新材料产业的内容时，则直接对应《统计用产品分类目录》的中类、小类或组。

产品（服务）不重复。新材料产业中包含的产品和服务不得重复，即一项产品或服务不能同时属于两个或两个以上的产业类别。产品（服务）的唯一性保证了数据汇总时不出现重复计算。

为便于统计，本目录对因产品多重属性或产业链交叉产生的重复内容予以剔除。重复交叉内容的剔除主要遵循产品主要用途原则和产业完整性原则。当产品能同时归属于两个类别时，将产品归入最能体现其主要用途的类别。如果使用产品主要用途原则后，产品仍可归入两个以上类别，则要兼顾产业完整性。若某一类别中加入该产品后，产业的完整性有所改进，则将产品归入该类别。

2. 框架和特点

在工业统计《战略性新兴产业分类目录》《战略性新兴产业重点产品和服务指导目录》（2016）、《战略性新兴产业分类目录》《战略性新兴产业 2025 重点领域技术创新绿皮书》和各行业发展规划的基础上，围绕钢铁、有色、化工、无机非金属、复合材料和前沿材料共建立了 6 个子目录，初步确定 45 个二级目录，155 个三级目录，944 种产品。

分类更清晰，细分领域更明确，按照重点领域分为先进钢铁材料、先进有色金属材料、先进高分子材料、先进无机非金属材料、高性能纤维及制品和复合材料、前沿新材料六大类。更易于统计，考虑到新材料产品的功能结构一体化，分类中没有区分新型功能材料和先进结构材料。品种更具体、更丰富，增加了近年来已经产业化的新材料以及未来几年可能实现产业化的品种。统计指标更明确，在充分调研和征求专家意见基础上，进一步细化了统计标准。更强调应用牵引，同时兼顾分领域特点，根据新材料产业发展的新变化和新材料产品的特点，钢铁、有色金属统计目录主要按应用领域进行分类，其他材料主要按品种分类，包括新材料相关服务。依据《战略性新兴产业分类（2012）》（试行）、生产性服务业分类（2015）和《战略性新兴产业重点产品和服务指导目录（2016）》，列入新材料相关服务，包括研发服务、知识产权服务、检验检测服务、标准化服务、技术推广服务等。

3. 内容说明

涂料部分，在有机涂料的基础上，补充建筑保温涂料、建筑防水涂料和无机涂料。

膜材料部分，删除了食品用膜产品、塑料薄膜、泡沫塑料薄膜等不属于战略性新兴材料中的膜材料，按应用重新分为水处理膜、离子交换膜、特种分离膜、电池膜、光学膜、光伏用膜，特种玻璃膜和陶瓷膜基本涵盖。

其他新型功能材料制造部分，建议不统计稀土原料，统计稀土新材料；催化材料中增加了酶及酶制品生物催化剂；防水建筑材料在新型建筑防水材料中统计；玻纤及制品、碳纤维及制品在高性能纤维及复合材料中统计，以保持纤维复合材料体系完整；建议删除电池产品。基本涵盖钢铁材料、有色材料、工程塑料大类，并进一步细化了具体产品。

对工业统计中的高性能纤维及复合材料进行了重新分类，删除了大部分低端玻纤增强塑料制品。新统计中将节能环保产业中与新型建筑材料相关的产品纳入新材料统计，删除了日用塑料制品及门窗等产品。

（四）新材料生产企业名录

为保证统计数据的可靠性，统计的可操作性，建议仅统计规模以上工业企业；规模以下新材料生产企业可自愿上报相关数据。新材料企业应满足以下条件：各省市区生产新材料产品的规模以上工业法人企业，在中国境内（不包括港、澳、台地区）依法设立，或提供新材料；所生产的产品或服务中应有一种或一种以上的产品属于新材料产业产品统计指导目录所列新材料范畴；上年度新材料产品销售产值达到 2000 万元以上，或者新材料产品销售产值占企业总销售产值的比例达到 50%以上的企业。未来，依托地方经信委，建立各地新材料企业名录，并根据产业发展情况实行动态调整。

（五）新材料产业统计指标

新材料产业的统计指标应主要包括符合一般产业发展的指标，包括经济指标和生产指标。经济指标主要包括产值、出口交货值。生产指标主要包括生产量、出口量、销售量、销售额等。

四、相关建议

（一）进一步完善工作机制

统计部门和工业主管部门分工负责、统筹协调。统计部门主要负责新材料企业报表布置，数据收集、审核、汇总，以及业务培训、支持等工作。工业主管部门负责产品目录的解释和答疑，新材料企业申报、业务培训等组织保障工作。根据需要召开专题协调会议，研究解决新材料产业统计中的重要事项，指导、督促、推动统计工作。

（二）进一步完善产品目录

依托省市工业部门和统计部门，联合地方新材料行业协会，实行专人专责，开展对新材料企业的统计摸底调查，对调查数据进行科学分析，进一步向相关行业、专家、企业广泛征求意见，在此基础上完善新材料产品目录和企业名录。为进一步提高企业申报的积极性，建议入库企业，优先获得相关工业发展专项资金的支持，优先推荐申报国家新材料相关专项资金。

（三）开展新材料产业发展评价

为加快新材料产业发展，满足制造强国建设的迫切需要，在开展新材料产业摸底调查的基础上，尝试开展新材料产业发展评价，建立我国新材料产业发展指数，从"关注问题"到"关注改变"，用具体化的数量指标来判断新材料产业发展的程度与进程，力求在国家政策层面上形成发展战略的导向作用，明确各地区新材料产业发展的优势和短板，为企业投资提供决策支持。

附录 B

我国原材料工业智能制造发展研究

专题一 石化化工行业智能制造研究

一、我国石化化工行业智能制造的发展现状

（一）发展现状

1. 发展基础要素趋于成熟

我国石化化工企业信息化组织架构、设备设施管理、专业人员配置等智能制造发展基础要素已趋于成熟，具备迈向更高阶段的条件。行业内已经整合和运用了一大批信息化平台，并在不断完善，生产企业底层自动化比例达到 90% 以上，重点企业财务管理系统应用比例达到 97%、办公自动化（OA）应用比例超过 89%。

2. 发展水平处于领先地位

大型石化企业的智能制造水平发展成熟，少数企业已进入深度发展期，这些企业将智能制造作为重要的发展战略之一，从生产经营管理决策各层面、上中下游各板块全面实现信息化管理，建成和完善了包括 MES、ERP、生产过程先进控制系统、生产营运指挥系统、供应链优化、数据中心、安全生产等在内的信息系统，并致力于各系统之间的紧密集成，其智能制造发展水平不仅领跑于石化化工行业，在全国工业企业中都处于领先地位。在 2015 年工业和信息化部开展的首批 46 个智能制造试点示范项目中，有 3 个石化化工项目入围，领先

于各工业行业。2016 年、2017 年、2018 年试点示范项目中，分别有 8 个、7 个、11 个石化化工项目入选（见表 B-1）。

表 B-1 石化行业获批的智能制造试点示范项目列表

年份	建设企业	项目名称
2015	中化化肥有限公司	化肥智能制造及服务试点示范
	中国石油化工股份有限公司九江分公司	石化智能工厂试点示范
	赛轮金宇集团股份有限公司	轮胎智能工厂试点示范
2016	中国石化镇海炼化分公司	炼化智能工厂试点示范
	山东东岳化工有限公司有限责任公司	氟化工智能工厂试点示范
	鲁西化工集团股份有限公司	化肥生产智能工厂试点示范
	双星集团有限责任公司	绿色轮胎智能制造试点示范
	瓮福（集团）有限责任公司	磷化工智能工厂试点示范
	中煤陕西榆林能源化工有限公司	煤化工智能工厂试点示范
	中国石油天然气股份有限公司新疆油田分公司	数字油田试点示范
	新疆天业（集团）有限公司	氯碱智能工厂试点示范
2017	万华化学（宁波）有限公司	化学品生产智能工厂试点示范
	青岛森麒麟轮胎股份有限公司	轮胎智能工厂试点示范
	河南心连心化肥有限公司	化肥智能制造试点示范
	中国石化集团茂名石油化工公司	石化智能工厂试点示范
	中海油惠州石化有限公司	石化智能工厂试点示范
	中国石油化工股份有限公司中原油田普光分公司	智能气田试点示范
	新疆中泰化学阜康能源有限公司	PVC 树脂智能工厂试点示范
2018	内蒙古中煤蒙大新能源化工有限公司	煤化工智能工厂试点示范
	中国石化上海石油化工股份有限公司	石化智能工厂试点示范
	浙江新安化工集团股份有限公司	有机硅材料智能制造试点示范
	嘉兴石化有限公司	聚酯智能制造试点示范
	中盐安徽红四方股份有限公司	化肥智能工厂试点示范
	安徽国星生物化学有限公司	精细化工智能工厂试点示范
	厦门长塑实业有限公司	双向拉伸尼龙薄膜智能制造试点示范
	福建经纬新纤科技实业有限公司	涤纶短纤数字化车间试点示范
	山东海科化工集团有限公司	炼油智能工厂试点示范
	嘉宝莉化工集团股份有限公司	涂料智能工厂试点示范
	中国石油天然气股份有限公司长庆石化分公司	炼化智能工厂试点示范

资料来源：根据工信部 2015—2018 年智能制造试点示范项目名单表整理。

（二）模式特点

1. 构建智能化联动系统

石化智能工厂主要分为管理层、生产层和操作层。管理层以资源管理系统（ERP）应用为主，包括计量管理系统、环境监测系统、实验室信息管理系统（LIMS）、原油评价系统等。生产层主要应用生产计划与调度系统、生产执行系统（MES）、流程模拟系统，并生成企业运行数据库，管理层分析、评价数据以及各项目标在此转换成具体操作指令。操作层根据排产计划，监测生产设备负荷、仪器仪表运行、采集实时数据等。凭借自动化、智能化、数字化的运营管理模式，打造一体化优化能力，实现从月度优化到实时优化的转变，达到管理、生产、操作协同。

2. 建立生产管控中心

为保障流程型制造过程的连续进行，需要建立集生产运行、环保监测、全流程优化、DCS 控制和视频监控等于一体的生产管控中心，运用信息工程技术，实时整合传递生产、环保、工艺、质量和安全等信息，分析数据后，进行精细的生产安排，使生产流程从单一生产转变为数字化的操作集成，实现连续性生产智能化。

3. 搭建内外协同联动系统

利用移动终端设备和数字监控系统等数字化设备构建内外协同联动系统，实现数据连续性精准传输，中控室与生产现场操作及时互通，从而大幅度提高流程型制造企业的操作效率，保障设备稳定运行和生产安全。

4. 应用智能仓储系统

利用物联网等技术，建设智能仓库，实现密闭灌装、远程流量控制、自动装车定位，以及无人化的灌装、仓储、配货和发货流程，实现大宗物料、发货无人化，既保障了化学物品管控的安全性，也提升了仓储管理效率。

（三）取得成效

通过智能工厂系统建设，石化企业生产效率、安全水平大幅度上升，销售、财务费用大幅度下降，提质增效显著。例如，镇海炼化、燕山石化、茂名石化和九江石化的先进控制使用率和生产数据自动采集率均达到了 90%以上，分别提升了 10% 和 20%，外排污染源自动监控率达 100%，劳动生产率提高 10% 以上，特别是九江石化通过智能工厂建设，快速提升了生产经营和管理水平，安全环保和经济效益等指标从靠后排名跃升为沿江企业首位，并列入 2015 年工信部智能制造试点示范。

1. 资源优化配置能力大幅提高

通过生产运营管理的数字化、可视化，将管理层、生产层的信息系统集中集成，企业调度指挥水平显著提升。2015 年，镇海炼化通过建立完善从计划、调度到操作控制的一体化生产优化信息平台，实现了生产优化累计增效 3.5 亿元以上；九江石化滚动测算 121 个案例，合计增效 2.8 亿元。

2. 生产操作效率显著提升

镇海炼化建立了我国首个全封闭、全自动和无人操作的 2.5 万吨化工产品立体仓库，铲车配置下降 50%，仓库雇员下降 66%；燕山石化采用立体仓库，铲车配置下降，操作站正常生产状态下黑屏、异常生产状态下自动精准警示，应急响应速度和处理能力都得到了提高，劳动生产强度大幅降低。

3. 生产安稳高效得到有力支撑

鲁西集团通过智能化改造，综合能耗减少 5%，安全环保事故率下降 60% 以上，为企业创造上亿元的直接经济效益。茂名石化通过数据分析来优化工艺，使汽油回收率提升 0.22 个百分点、辛烷值提高 0.9，快速提升了高价值产品的产量。宁波万华实现了化工设备的全生命周期管理，全面提升预防性维修，紧急维修工单从 33% 下降到 15%（世界最好程度为 12%），员工处理报警由原来的 75 个/小时下降到 20 个/小时。

4. 能源应急管理水平持续加强

企业建立了能源管控中心和能源管理优化系统，对能源的产、转、输、耗全过程加强跟踪、分析、核算和评价，实现了能效最大化、在线可优化和能流可视化，为企业每年节约近千万成本。燕山石化、镇海炼化、茂名石化和九江石化 4 家企业开展泄漏检测与修复工作，覆盖装置 260 余套，检测点 179 万个。

二、我国石化化工行业智能制造存在的问题

（一）认识不到位

与国际先进水平相比，我国石化化工行业总体智能化水平还处在初级阶

段，存在企业对智能工厂建设认识不足、智能制造基础薄弱、智能制造研发投入力度不足的问题。石化化工企业对智能制造的"认识"误区有四方面：一是认为没用，仅仅是锦上添花；二是认为建设起来很简单，就是搞几个应用系统而已；三是认为建设"智能工厂"与业务无关，仅需信息相关技术；四是认为建设过程很难，信心不足。

（二）技术服务能力有限

石化化工行业各领域的生产模式、工艺路线不尽相同，不同领域的信息化需求差异很大，且相同领域各企业也各有特色，这就需要信息技术服务供应商提供个性化产品和服务。但在当前石化化工企业实际推进信息化过程中，企业的信息技术个性需求往往得不到满足，同时，后期信息服务的不到位，也影响了企业的实际应用效果。

（三）中小企业发展滞后

由于中小企业实力有限，信息化应用水平偏低，在智能化改造上的投入严重不足，而中小企业聚集的化工园区对智能制造也缺乏重视，不仅基础薄弱，信息化服务水平也较低，导致中小企业智能制造发展水平严重落后。

（四）人才匮乏

大部分企业的智能化专业人员精通信息技术，但对企业的生产业务流程不熟悉，而石化化工行业又缺少懂管理和技术，并熟悉业务的复合型管理人才，这成为现阶段石化化工行业智能制造推进过程中普遍存在的瓶颈问题。

三、加快我国石化化工行业智能制造的相关建议

（一）加强智能制造顶层设计

谋划智能制造顶层设计，加强全产业链协同。政府层面加强指导和引导，编写石化化工行业智能制造指导意见，并作为重要指导方针，加速行业智能制造发展进程。协会、联盟等组织机构研究建立智能工厂应用体系，制定细分行业智能工厂建设指南，形成企业智能工厂建设的标准体系。企业要站在全局、从整体层面建设智能工厂，抓好自身生产流程特点，明确智能工厂建设规律，制定个性化智能系统，实现从生产流程到管理运作的全方位应用、全过程管

理。推进云计算、大数据、物联网应用。在炼化生产、产品销售、客户服务、物流管理、节能环保等方面加快云计算和物联网等信息技术的应用，加强资源优化配置能力，提升市场应变能力。

（二）构建智能制造服务平台

一是建立行业大数据平台。建立油气、化工等数据中心，提供行业及市场运行等各方面信息咨询服务，提升行业经济运行预警和预测功能，提供产业结构调整和发展方向等行业信息。

二是成立行业智能制造发展专业组织机构。集聚各种资源，加强信息技术企业与石化化工企业的紧密联系，综合不同行业发展特点、企业个体发展阶段以及匹配度和技术实现能力等因素，协调配合共同推进。三是推进重大行业平台建设。加大化工产业智能制造、两化融合、企业上云等公共服务平台建设，加快"人才、团队、基金、项目"高端要素集聚。

（三）树立智能制造标杆

树立石化化工行业智能制造典型企业，发挥示范带动作用，将成功案例和建设经验向全行业推广。推进智慧化工园区试点示范，确立智慧化工园区的概念、架构、构成要素等基本定义，提出智慧化工园区标准体系，一方面利用信息技术努力提高园区安全环保水平，另一方面通过做好中小企业智能制造公共服务平台协助中小企业提高智能制造水平，有效提升单项业务系统的应用效率和覆盖面，筑牢智能制造的基础。

（四）强化技术装备支撑

一方面建立数据中心，完善包括数据存储系统、数据传输网络、企业数据库和信息采集设备等方面的信息化基础设施，重点打通数据采集环节，设立统一的数据规范。另一方面采用智能化技术设备，主动应用和完善智能化设备，升级现有设备、通信网络和数据中心，配置相应的智能化监控、操作模块，采用物联网、智能终端、大数据等智能化设备和系统。

（五）加快智能制造人才培养

以培养高层次创新人才和紧缺专业技术人才为重点，组织实施卓越工程师培养计划和人才知识更新工程。在实施智能制造业科研项目和重点工程项目中，以新工艺研发、技术验证、产品设计和专用设备等为依托，培养设计、技术研发、工程、工艺、检测等方面人才。鼓励高校加强与制造业相关的工程技术、信息技术和管理类学科专业建设，与企业联合设立"工程创新训练中心"、开展在职培训和高级研修，进一步加强企业高层次创新人才和紧缺专业技术人才的继续教育。同时，创新政府资金资助方式，激发技术人才价值，加强区域间人才开发与协作，打造跨区域人才交流合作平台。

（六）加大宣传推广力度

加大对智能制造的宣传，总结行业智能制造经验，结合试点示范取得的成果，强化企业认识，利用行业主流媒体对智能制造发展趋势与方向、智能制造典型经验进行广泛宣传，鼓励协会、联盟等机构到重点化工区域开展巡回报告会等相关活动，覆盖重点化工区域，组织行业专家研究传统石化产业如何与"互联网+"智能制造的宣传，总结行业智能制造经验。

专题二　钢铁行业智能制造研究

一、我国钢铁行业智能制造发展现状

经过多年的持续推进，我国钢铁行业两化融合不断深化，智能装备水平不断提高，智能制造示范成果显现。目前我国钢铁企业信息化在全国的工业领域位列榜首，两化融合成熟度排名靠前。

（一）两化融合不断深化

当前，我国钢铁行业不断推进两化融合，信息技术在钢铁行业从钢铁生产制造，到销售服务的整个流程中的应用不断加深。关键的工艺流程实现数控化的比率超过 65%，配备有企业资源计划（ERP）的比率超过 70%；开展了多个智能制造工厂试点，推进钢铁智能化改造，其中包括热连轧智能车间（宝钢）、冶金数字矿山（鞍钢）；发掘了钢铁个性化、柔性化产品定制生产服务的新模式，如南钢的船板分段定制准时配送（JIT）；钢铁交易结合互联网技术及平台建设，也展现出新的态势，出现了一些大型钢铁交易服务平台。

（二）智能装备水平不断提高

目前，智能装备在我国钢铁行业的生产、检测、物流的多个环节得以应用，包括有测温、焊接、切割、喷漆、扒渣、捞渣、上下料等，许多单调重复

的工位或高温高强的工位采用智能装备可以有效减少生产过程中因人为操作带来的损失和误差，形成标准化、高精度的操作；同时降低人工作业劳动强度，提高生产效率；提高生产安全保障，避免发生事故。

（三）智能制造示范成果初显

为推进钢铁智能制造，探索钢铁智能化改造的方向、实施路径、改造路线等，我国启动了多个智能制造试点示范项目，包括1580智能车间改造（宝钢）、智能工厂（唐钢）、定制准时配送（南钢）、智慧矿山（鞍钢）等，这些项目从上游矿山到钢铁智能生产至物流销售，从不同的环节开展了钢铁智能化改造的探索，对于未来钢铁行业实现全流程智能化生产意义显著。其中荣程钢铁实施的"互联网+"智能制造改造（宝钢）、智能工厂（唐钢）及智能制造管理与执行系统（iMES）为核心，融合了业务创新、管理创新、技术创新、产品创新和服务创新，整合了供应链上下游的企业，在设计优化、生产控制、管理销售、资源服务等方面实现信息共享，使得产品的设计生产由单一企业扩展到整个供应链直至跨供应链，减少资源浪费，加快新产品的制造响应，实现资源优化配置，促进产业融合升级。

二、我国钢铁行业智能制造存在的问题

（一）智能制造标准缺失，互联互通难度较大

标准的制定对于钢铁行业的智能化改造意义重大，英国、德国等国家在推进工业4.0的过程中非常注重标准的制定和建立。《国家智能制造标准体系建设指南》的发布标志着中国智能制造标准的顶层框架构建完成。但是具体到行业的智能制造标准建设目前仍然缺失。近年来，在钢铁行业推进智能化改造的过程中，许多智能设备、先进的技术及多种系统平台已经有了不同程度的应用。但是行业标准的缺失很可能造成许多硬件、软件不兼容，系统之间无法集成等，从而产生资源浪费的风险。同时行业标准的缺失也一定程度上阻碍了企业智能制造经验的相互借鉴，智能制造示范推广的难度加大。

（二）智能制造投资额度过大，钢铁智能改造动力不足

钢铁行业的智能化改造涉及产品的设计生产、质量检测、物流运输、仓储管理、大数据采集和分析平台、决策支撑系统、供应链的管理等多个方面的技术革新和设备、软件更新，整体投资成本巨大。在投资比例方面，由于基础设

备大多引进自西马克集团、西门子奥钢联合集团公司、达涅利集团等国外厂商，在某些智能关键技术上必须配套引进国外系统，从而进一步提高投资成本。在企业意愿方面，目前国有企业智能化改造热情较高；而中小钢铁企业，尤其中小民营企业，在钢铁去产能及环保政策的大背景下，其资金压力较大，对于需要大量资金投入的智能化改造动力不足，目前人工作业比例较高。

（三）核心知识产权掌控较弱，原始创新水平亟须加强

我国钢铁行业经过多年的发展，在生产制造及检测等领域进行了许多的技术突破和创新。但是就目前总体而言，我国钢铁行业世界级的创新成果不多，技术上与智能制造的要求还有一定差距。在行业智能制造推进的过程中，涉及云平台、大数据技术收集和分析、智能高精度检测、仿真模型的建立等多项新兴技术的突破，其中有行业的共性技术，也有跨领域、跨学科的重点、难点技术。我国钢铁行业在信息、物理系统的研发设计等方面的能力还比较弱。而且许多软件和集成技术位于产业价值链末端，劳动生产率、技术水平、工业增加值率、产品附加值都比较低。

（四）企业对智能化改造认识不深，工业软件地位有待提升

在钢铁智能化改造的过程中，单纯引入其他行业的机器人而不考虑到钢铁行业本身长流程的产业属性，不能够协同匹配整个流水线的生产节奏和无缝对接上下游系统，会造成资源浪费。目前，受传统观念制约，企业智能化改造重硬轻软，在硬件装备智能化改造上投入较大，宝钢、沙钢、日照等自动化机器人比例显著提高。智能制造的关键是仿真建模，难度较大，需要依托工业核心软件、互联网技术、云平台和智能平台等先进技术的支撑。而目前钢铁行业在工业软件方面的投入比例相对较低，一定程度上制约了钢铁智能制造的进程。

三、加快我国钢铁行业智能制造的相关建议

（一）加大组织协调力度

建议由政府和协会牵头，建立跨部门、跨地区、跨行业的钢铁智能制造发展协同推进机制，加强重大问题的组织协调，统筹全国钢铁智能制造产业发展和信息化应用。设立全国钢铁智能制造产业发展专家委员会，为钢铁智能制造产业发展与应用及相关项目工程实施提供决策支持。

（二）健全钢铁智能制造标准体系

充分发挥标准在推进智能制造发展中的基础性和引导性作用，依托冶金工业信息标准研究院、原中冶集团所属的各国家级设计院、冶金规划院、冶金自动化研究设计院、宝信软件等钢铁冶金行业从事智能制造的骨干企业，联合国内工业互联网、工业自动化、智能机器人、工控软件开发企业和科研机构，主动对接国家智能制造标准，加快研发钢铁行业智能制造团体标准。针对制约钢铁智能制造的数据集成、互联互通等关键瓶颈问题，优先制定数据接口、通信协议、语义标识等基础共性标准。

（三）强化基础研究和共性技术研发

在科技部重大专项、工业和信息化部工业转型升级资金中，制定钢铁行业智能制造专项，加强钢铁企业智能制造参考模型架构和信息物理系统平台（CPS）构建研究，大力开展钢铁行业智能制造关键共性技术攻关，加强全流程产品工艺质量管控与优化技术、设备状态监测与智能化管理技术、全流程能源及环保管理与优化技术、智能制造精准控制关键技术、智能装备及智能机器人关键技术等关键共性技术研发。

（四）加快企业智能化改造

强化智能制造试点示范和智能制造综合标准化与新模式应用项目的引领带动作用，加快智能制造向产业链上下游延伸，进一步在烧结和球团、焦化、炼铁和炼钢等前端环节系统布局智能制造试点，推动钢材深加工产品的智能化生产。依托现有的试点示范项目，依托宝武钢铁、沙钢、南钢等重点用户，尽早形成一批可复制、可推广，适用不同类型钢铁企业的智能化改造模式。鼓励企业建设感知、识别及信息采集系统，建设信息物理系统平台，分步骤、分阶段实现全流程智能生产，提升产品质量，降低能耗物耗成本，增强对市场的快速反应，实现产品的柔性化定制生产。

（五）推进工业互联网和工业软件发展

打造钢铁行业工业互联网平台，支持钢铁生产企业、销售企业等开展"企业上云"，实现从原材料采购、产品制造、产品销售和用户购买及售后服务的全线贯通。以在钢铁行业具有权威性的第三方机构为核心，联合上下游供应链企业，组建钢铁工业软件联盟，加快制定钢铁工业软件行业标准，开展钢铁工业软件服务企业的认定，推进钢铁工业软件的综合集成应用。

专题三　有色金属行业智能制造研究

一、我国有色金属行业智能制造的发展现状

（一）政策推进

1. 制定政策持续推动两化深度融合

"大力推进信息化与工业化融合，促进工业由大变强"这一重大战略举措在党的十七大提出后，"推动信息化和工业化深度融合"这一更高要求在党的十七届五中全会上又被进一步提出。有色金属行业为贯彻落实这一工作，积极制定相关政策，践行两化融合。

2016 年 11 月，工业和信息化部编制发布《有色金属工业发展规划（2016—2020 年）》，从技术标准体系建设，在线监测、生产过程智能化，模拟仿真应用，选冶、加工等工艺数控化，企业综合集成、管控集成、产供销集成以及智能制造示范工厂建设等方面提出了推进有色金属行业践行两化融合的具体目标，并在突破智能制造技术、加强智能平台建设、开展智能制造试点示范、制定标准及开展贯标试点四个方面做出具体任务部署。

2. 开展一批智能制造试点示范项目

近年来，有色金属行业积极推进计算机模拟仿真、人工智能、大数据、云计算等先进技术在生产系统、管理模式和服务方式等方面的应用，两化融合不断深入，产业链各环节数字化、智能化水平大幅度提升。其中，以铜、铝为代表的金属冶炼生产智能控制化系统和数字控制成型技术取得突破性进展，有色金属行业在 2015 年起开展智能制造试点示范，其中涉及 8 家企业（见表 B-2）。

表 B-2　有色金属行业智能制造试点示范项目

时间	建设企业	项目名称
2015 年	内蒙古锦联铝材有限公司	电解铝智能车间试点示范
2016 年	山西复晟铝业有限公司	氧化铝智能工厂试点示范
	江西铜业股份有限公司	铜冶炼智能工厂试点示范
	新特能源股份有限公司	高纯晶体硅智能工厂试点示范
2017 年	中国铝业股份有限公司兰州分公司	铝电解智能工厂试点示范

时间	建设企业	项目名称
2018 年	山东南山铝业股份有限公司	高性能铝合金智能制造试点示范
	黄金数字矿山试点示范	黄金数字矿山试点示范
	新疆紫金锌业有限公司	铅锌数字矿山试点示范

资料来源：根据工信部 2015—2018 年智能制造试点示范项目名单整理。

为贯彻落实中国制造强国战略，深入推进智能制造工程，助力我国制造业转型升级、提质增效。工信部与财政部于 2017 年联合组织实施国家级智能制造专项工程智能制 2017 年智能制造综合标准化与新模式应用项目智能制造工程，助力我国制造业转型升级、提质增效。西藏华泰龙矿业开发有限公司的"面向黄金生产行业的数字化车间通用模型标准与试验验证"、中铝瑞闽股份有限公司的"高端铝合金功能材料智能制造新模式"等项目入选专项工程。

（二）发展现状

1. 智能化整体水平落后于其他原材料行业

在钢铁、石化等行业的影响下，有色金属行业也逐渐提高了对信息化建设的认识和认知，涌现出一批龙头企业带动有色行业大力开展信息化建设。近年来，有色金属行业的信息化基础体系建设取得了长足进展，信息网络系统已基本普及，财务管理系统也得到了广泛推广。其中，一部分大型企业还搭建了企业综合信息管理平台，集公司网站、办公系统和电子邮件系统于一体，有效地支撑了企业决策。同时，企业还利用综合信息管理平台，构建计划管理、生产调度管理、设备管理、原材料管理、人事管理、库存管理、质量管理等子系统，将生产、制造、营销、经营、管理等各个环节集成起来，提高企业的快速应变能力。少数龙头型重点企业则建立了先进的个性化综合管理系统，如研发管理信息系统、生产执行系统、供应链管理系统、集成制造系统以及企业资源计划系统等。但这些先进的综合管理系统仅仅发挥了基本的通信功能，在提高生产能效和质量方面并未得到充分利用，提升产品质量一致性和稳定性、优化生产设备效率和可靠性、研发新药剂和新工艺、开发生产共性关键技术、降低能耗等仍是有色金属产业生产、制造过程中需要解决的基本问题。此外，大部分企业缺少工业大数据分析、调度的意识和能力，导致有色金属产业链中所蕴藏的大量金融、物流、产能等信息未被充分挖掘、融合和聚类处理，失去提高原有生产系统和产品附加值的机会。总体来看，有色金属行业的信息化、智能化水平整体上落后于钢铁、石化等原材料行业。

2. 产业链各领域智能化水平差异较大

有色金属产业链包括矿产勘探、矿产开采、选矿、冶炼、金属加工（含粗加工和精加工）、终端消费生产等主要环节，该产业链涵盖了有色金属的生产及服务，且产业链上下游各环节之间相互联系、相互依存。在推进两化融合的过程中，受经营管理水平、技术推广范围、创新实践深度等因素影响，有色金属产业链上下游各个环节信息化、智能化水平存在一定差异。其中矿山开采、冶炼、金属加工等方面的信息化和智能化建设取得了重要进展，但仓储物流、行业数据库智能化建设等环节发展缓慢。

在矿山开采方面，实现安全、高效开采，并取得高回报利润是有色金属企业的重点发展方向。为实现该目标，有色金属企业大力研发智能化、自动化的采矿装备，不断优化和设计生产管理软件系统，同时充分利用高速、大容量、双向综合数字通信网络，实时、动态、智能化地监控矿山开采过程。由北京矿冶研究总院矿山工程研究设计所和北矿亿博公司合力建设的"地下金属矿智能采矿爆破技术与装备"，不仅实现了地下金属矿开采、爆破作业全过程的实时监控，还可对其进行信息化管理，使爆破装药整个流程的自动化、信息化水平得到大幅度提升，整体技术处于国际先进水平；洛阳栾川钼业集团股份有限公司与河南跃薪公司合作建立的洛钼集团智能采矿生产线，实现了有色金属露天采矿设备远程操控，打破了国外矿山设备公司的技术垄断，掀开了国内智能矿山建设的新篇章。

在冶炼方面，信息化建设主要是采用先进的冶炼工艺技术和现代信息网络技术，实施新的管理模式，宣传贯彻先进管理理念，打造具有新技术、新机制、高效率、优质量、无公害、低能耗特点的新型绿色智能冶炼企业。云铝、中铝、云铜等一大批企业均在冶炼方面取得了突破性进展，引领了金属有色行业冶炼的信息化、智能化转型。以云铝为例，其为冶炼信息化建设专门成立了项目推进工作机构，从"智能制造"铝电解装备到"绿色低碳、智能工厂"分两个阶段推进，并根据实际推进状况，调整细化相关研究和改造工作，以利用智能化、信息化手段搭建的智能控制系统和对电解槽热场、电场、磁场研究应用项目为支撑点，搭建技术和管理双平台。从而达到节省能源，降低生产成本，增加企业效率，延长槽使用寿命的目的，实现公司的高质量发展。

在金属加工方面，我国的铝加工业和铜加工业大力推进信息化建设。一方面，通过"机器换人"策略，大力推进智能制造，提高劳动生产率，促进企业效益稳步提升。另一方面，通过网络智能监控技术，实现对有色金属加工过程的控制和量化管理，实现从传统加工制造业向智能工厂的稳健跨越。南南铝、忠旺铝材、长发铝业等企业均为有色金属加工的智能化转型树立了新标杆。

智能物流指利用智能决策技术、信息技术、装备制造技术等先进的智能信息技术，在运输、存储、包装、装卸等环节中深度融合信息流、物质流，协同智能管理，实现无人化、自动化、智能化、一体化、层次化。在企业智能物流建设过程中需综合应用 RFID、GPS、传感器、视频等，建设自动化物流设施提升企业物流作业自动化水平，使得企业物流管控智能化、高效化。受地理条件限制，传统汽车运输方式广泛应用在有色金属企业的原料采购及产成品运输中，这在很大程度上影响了产业链各环节间的协作，使得产业链整体优势下滑。因此，有色金属行业急需构建产业链智能物流系统平台，通过智能化、信息化对物流进行实时、高效的管理，协调产业链的各个环节，紧密融合产品生产优势和流通优势，从而提高行业整体竞争优势。

有色金属作为我国国民经济发展的基础性材料，是航空航天、汽车制造、电力通信、建筑、家电等重要行业持续健康发展的重要支撑。因此，只有建立有色金属行业数据库和智能平台，才能解决行业权威系统数据信息检索困难、不健全等问题，从而进一步为国家和地方政府、企业、科研院所、图书馆和咨询机构及相关人士，提供有针对性的专业数据需求和多样、精细的内容服务。但目前有色金属行业的数据库智能化建设几乎一片空白，急需加强。

3、金属铝行业智能化水平凸显

金属铝产业链主要包括铝土矿开采、氧化铝生产、电解铝生产和铝材加工及应用等环节。近年来，我国铝行业从全产业链角度谋划转型升级，打造具有较强增值能力的智能化产品，行业可持续发展能力和整体竞争力大幅度提升。

在铝土矿开采方面，中国铝业公司大力推进数字化矿山和智能矿山的建设。在电解铝方面，云南铝业股份有限公司大力研发"智能制造"铝电解装备技术，稳步推进"绿色低碳水电铝加工一体化"建设；郑州轻冶科技股份有限公司聚焦大型铝电解槽智能信息化技术，开发出铝电解系列移动智能终端、铝电解槽阳极电流分布在线监控技术和装置、铝电解槽壳体温度在线监控技术和装置等大型铝电解系列生产智能信息化技术与装备。在铝材加工及应用方面，中铝股份连城分公司研发出在线激光二维码标识系统，并成功应用于铝锭加工，在国内首次实现了铝锭在线计量、线上成功试生产，合格证标签打印的无人化操作；从事传统门窗建材加工的南南铝业股份有限公司，加速装备制造智能化转型，成功进军铝精深加工领域，开启新能源汽车零部件智能化加工新篇章；铝轮毂制造企业浙江万丰科技股份有限公司建成的铝合金车轮混线柔性化生产智能工厂，将多种自动化和信息化系统集成在一起，全面实现数据自由流通，打破了信息孤岛。

相比之下，金属铜智能化建设主要集中于铜冶炼，黄金、铅锌的智能化建设主要集中于矿山，均未能实现全产业链智能化转型升级。

二、我国有色金属行业智能制造存在的问题

（一）行业信息化集成工作有待完善

目前，有色金属行业的信息化建设基本已完成企业信息化工作普及和基础设施建设工作，但从行业整体部署来看，仍处于基本体系构建阶段。此外，尽管大量企业已完成自身基础信息化体系建设，但这些企业类型繁多，地处多个省份和地区，信息系统独立运行，在全行业或某一子领域内，均未能实现信息共享与集成。在新时代互联、协同、共享的潮流和趋势下，想要实现基础公共信息的互联互通，全面建设打通基层的数据信息系统，是有色金属行业信息化发展的必然需求。企业拥有各自单一独立的信息化系统但无法形成合力，不利于有色金属行业的整体信息化体系构建。因此，有色金属行业信息化集成工作亟待完善。

（二）企业高层的认识亟待加强

通过信息化建设，形成先进的管理理念，掌握现代化的管理技术是制造业践行两化融合精神，加速数字化转型和智能化升级的基础支撑。但由于信息化建设需要大量的资金投入，且短时间内难以取得利益回报，故而信息化建设被很多有色金属企业高层领导误认为是一件费力不讨好的事情，特别是在企业经济效益相对较好的发展时期，企业领导认为不开展信息化建设，企业同样拥有丰厚的收益，进而满足于眼前现状，放弃开展信息化建设的大好时机。而事实上，铸造企业完善的信息化管理体系，要求企业从观念、体制、机制各个方面进行创新，企业高层在信息化建设上的认知不足与观念忽视，将直接掣肘整个有色金属行业的信息化建设。因此，信息传递不畅、时效性差，片面性数据核算、生产效率低下等问题广泛存在于有色金属企业内部，与精细化管理的要求相差甚远，有色企业高层对信息化建设的重视程度亟待加强。

（三）专业复合人才有待挖掘

受行业特征影响，我国有色金属企业大多地理位置偏僻、远离大城市、环境较差、保障不足。因此，凭借企业自身条件和所处环境吸引专业信息化人才困难重重，进而无法招募到同时精通技术和信息化的复合型人才。所以多数企业依靠第三方公司开展和推进信息化建设工作，第三方工作人员由于缺少对行业和企业具体情况的了解，很大程度上无法将信息化建设方案与行业、企业自身特点相结合。因此，信息化建设方案和设计往往缺少针对性和合理性，事后沟通难、维护难等情况时常出现，企业的信息化应用只是停留于表层。

三、加快我国有色金属行业智能制造的相关建议

（一）加强政策引导和支持

加大研究制定相应政策措施力度，引导和鼓励各级政府组建低成本、资源共享、线上与线下相结合的众创空间，促使有色金属企业从设计到生产与管理，全方位释放创新潜力。此外，企业智能化改造需花费大量资金，而大多数中小企业自有资金十分有限，同时还缺乏融资渠道。因此，应进一步优化财税政策，设立智能制造转型升级专项资金，给予中小企业资金支持和税收减免，充分发挥财税政策在智能制造企业发展中的助力作用。

（二）推动行业智能化平台建设

探索与开拓有效的新时代信息化建设经验和模式，在实践中丰富和成熟后，在全行业范围内推广，进而优化生产线技术，提高装备质量及产品质量，提升节能、绿色、智能、高质量制造水平，是新时代制造企业高质量发展的探索性要求。在此过程中，加强设备智能化管控，提升产品质量一致性和稳定性，逐步推进工业软件、数据管理、工程服务、技术标准等资源的集成互联与共享，强化云应用服务和"互联网+"协同制造至关重要。因此，行业协会和相关联盟需相互合作，形成合力，加强公共云服务、全流程设备智能管理、产品质量智能管控等平台建设，对智能制造企业提供精细化服务和稳定性支撑。

（三）强化企业内部信息化管理

有色金属企业要多方位开展交流和合作，积极学习国内外优秀企业的技术创新和信息化管理建设经验，并结合市场变化和企业自身经营实践、管理制

度，逐步实现产业链各环节的信息化和智能化管理。同时，将企业的信息化管理和企业文化、企业精神相融合，构建独具特色的企业文化，增强企业活力和综合竞争力。

（四）持续开展智能制造试点示范

有色金属工业作为我国原材料工业的核心组成部分，是国民经济持续、健康发展的重要支撑。因此，从国家层面上，开展有色金属行业智能制造试点示范，引领信息化建设方向，是非常有必要的。从 2015 年开始，工业和信息化部以流程型智能制造模式、网络协同模式、大规模个性化定制模式、远程运维服务模式等为重点方向，评选并公布了 4 批共 307 个智能制造试点示范项目，在范围上涵盖了上述多种智能制造新模式，同时兼顾了行业分布和地区分布特征。有色金属企业可借此思路，自我实践，加快智能制造转型升级。

专题四　稀土行业智能制造研究

一、我国稀土行业智能制造的发展现状

（一）政策推进

1. 制定政策持续推动两化深度融合

稀土行业智能制造的政策始于 2015 年 1 月工信部印发的《原材料工业两化深度融合推进计划（2015—2018 年）》，其中对稀土等原材料行业两化深度融合的发展提出了具体的要求。2016 年，工信部发布《稀土行业发展规划（2016—2020 年）》，提出加快稀土行业智能化改造，实施稀土行业两化深度融合工程，从稀土数字化矿山、稀土冶炼分离智能工厂、稀土金属及合金智能车间、高端稀土材料和器件智能制造等四个方面分别提出了建设重点和要求。

2. 开展一批智能制造试点示范项目

在先进企业的示范带动下，稀土行业智能制造试点示范已从冶炼分离环节向下游终端应用领域延伸。从 2015 年起，工信部装备司开展智能制造试点示范项目。中铝广西国盛稀土公司稀土冶炼分离项目是第一个获批的稀土两化融合项目。在 2017 年智能制造综合标准化与新模式应用项目中，共有 5 个稀土类项目入选（见表 B-3）。

表 B-3 获批稀土行业智能制造试点示范的项目

时间	建设企业	项目名称
2015 年	中铝广西国盛稀土开发有限公司	稀土冶炼智能工厂试点示范
2017 年	横店集团东磁股份有限公司	磁性材料智能制造新模式应用
	湖南科霸汽车动力电池有限责任公司	年产 5.18 亿安时车用动力电池产业化项目
	宁波电机（宁德）有限公司	超高效永磁电机及控制系统智能制造新模式应用
	山东华力电机集团股份有限公司	基于磁悬浮技术的稀土永磁高速电动机智能制造新模式
	云南驰宏锌锗股份有限公司	新型稀土铝锌合金智能生产系统及示范应用

资料来源：根据工信部 2015—2017 年智能制造试点示范项目名单和 2017 年智能制造综合标准化与新模式应用项目表整理。

3. 建立稀土产品追溯体系

按照《国务院办公厅关于加快推进重要产品追溯体系建设的意见》（国办发[2015]95 号）要求，要建立健全企业生产台账、稀土产品追溯体系。目前，稀土产品追溯体系已正式启动，已在 6 家稀土集团所属稀土矿山和冶炼分离企业全面运行。已建设的企业生产台账系统要求六大稀土集团自下而上按月上报，具体包括采购、生产、销售和库存等数据。通过细节信息的分析对比，可以很容易判断企业的违法违规行为。

（二）发展现状

1. 产业链各领域智能制造水平差异较大

近年来，国家一直高度重视稀土行业企业的智能化改造工作，有关主管部门也在不遗余力地推进稀土行业两化融合进程。经过多年的发展，我国稀土行业企业的信息化水平已经具备了一定的基础。但是由于稀土行业产业链较长，且不同领域发展差异性较大，再加上我国稀土企业与其他同类型的原材料行业企业（如钢铁、石化等）不同，前端稀土矿开采和冶炼受国家政策影响，主要集中在六大稀土集团；而下游应用领域则以中小企业和民营企业为主。

与其他行业相比，稀土行业智能化改造推进速度整体缓慢。目前，六大稀土集团中信息化改造进程进展不一。北方稀土、中国五矿等在这一领域的进展不快；厦门钨业自动化水平较高，虔东稀土等稀土企业已布局信息化改造；稀土冶炼分离智能工厂建设以中铝广西国盛稀土为主，其他稀土冶炼分离企业智能化改造意愿不强；高端稀土材料及器件智能制造建设部分，因与制造业关联程度较大，其智能化改造进展程度相对较好。目前，入选国家智能制造试点示范项目名单的稀土企业中，1 家为稀土冶炼分离企业，2 家为稀土磁性材料及稀土金属生产企业，其余 3 家均为稀土下游应用制造企业。

因此，在推进稀土行业智能化改造的过程中，需要清醒地认识到不同领域的发展重点不同、对信息化的承载能力不同，行业中具体组织所处在不同的成长期对信息化价值的看重程度不同等问题，因此要从各个领域的实际出发，根据各子领域信息化水平的发展现状和对信息化的承载能力，做好具有各个行业特色的信息化应用系统开发和两化融合工作的推进。

2. 产业链各领域对智能化改造需求不同

从开采环节来看，需重点建设数字化矿山。即建立矿产资源管理系统、数字采矿系统平台、矿区地下水影响数字化模型系统、矿用无线通信系统和视频监控系统、矿体在线监测系统和数字矿山综合平台等统一的平台和数据库，实现对矿山机械设备、信息的集中控制和数字化显示，形成多维数字化矿山，全面、详尽地描述矿山及矿体，并实现信息化、自动化、智能化。

从冶炼分离环节来看，我国稀土冶炼分离技术水平处于国际领先地位，但企业整体数字化、智能化生产水平不高。具体表现为：

一是缺乏自动化控制和操作装置。在生产中人为控制和干扰普遍存在，自动化控制及操作较少，如生产中的物流、温度、压力、液固位等很少能达到在线自动控制，因此，造成了不能在最佳工艺条件下生产，致使生产指标难于达到最佳水平，资源回收率、产品合格率不能保证，生产成本较高。

二是缺乏现场检测技术和设备。为了保证稀土元素的回收率，需要对原料、过程料、产品的稀土含量进行检测反馈，这些检测平行于生产进行，检测结果严重滞后，不利于及时调整工艺，达到最佳参数。

三是污染控制能力和污染排放监测尚不完善。稀土企业环保改造后解决了部分污染物控制的问题，还要全流程环境监测系统实时监测和控制污染物的产生和排放。

四是生产设备升级缓慢。国内有色冶炼行业的智能化工厂升级较慢，关键在于国内电解工艺不稳定，导致进口设备在国内水土不服，采购进口设备，又需要大量工人干预配合作业，成本降低不明显，还需要增加设备的维护成本，特别是进口设备的备品备件价格过高，且服务响应慢、价格高，综合之下，导致其他企业不敢采购进口装备。

从稀土金属及合金生产环节来看，主要对生产设备进行自动化改造，实现生产过程数据的自动采集、管理、在线检测与智能控制；利用工业物联网实现车间管控一体化。

从稀土功能材料及应用制造环节来看，需推进工艺设备的升级改造，实现生产过程的全自动化；建立设备信息化系统，实现设备运行和性能参数的在线信息采集与智能控制；建立信息管理系统，对订单、生产计划、工艺控制、加工制造、物流仓储、质量检验等过程进行全程跟踪。

3. 电子商务的应用速度加快

随着互联网和计算机技术的高度发展，电子商务已经走进了稀土企业的经营舞台，一方面改变了传统稀土企业的经营运行模式，另一方面极大地降低了交易成本。目前稀土行业应用电子商务的模式主要是借助商品交易所线上销售平台实现稀土产品的纯现货交易。包括以包头稀土产品交易所主导的电子交易平台、渤海商品交易所线上销售平台等。这些平台提供了大宗商品的挂牌、竞买、招标、资金结算、商品物流、价格发布等综合服务，对当地电子商务发展起到了极大的推动作用。其中，包头稀土交易所电子商务平台稀土线上实现现货交收，B2B 交易大幅增长，全年交易量 58 万吨，交易额突破 1300 亿元。

二、我国稀土行业智能制造存在的问题

（一）对智能化改造的重视程度有待提高

不少稀土行业企业经营者对智能化改造认识不足、意识不强，缺乏智能化改造投入的动力，两化融合建设比较被动。企业缺乏战略性的规划和路线，许多企业是在管理出现问题、发展出现瓶颈时，才下决心开展智能化改造，甚至在没有规划前提下就匆忙进行改造。认识的不足导致企业缺乏长期的战略眼光，在设备等硬件和系统、技术、管理、人员、组织等软件方面准备不够，相关政策的引导和支持力度不到位，甚至一些企业高层认为在原材料行业面临生存大考、企业正常生产经营难以为继的情况下，推进智能制造，是搞"花架子"等。

由于企业智能化建设多是被动的，因此建设模式通常是"头痛医头，脚痛医脚"，很多的智能化建设是从单项应用开始，大部分的企业会选择先用财务软件，其次根据企业自身情况上马生产控制软件或信息管理软件，且不同部门的信息化建设是各自为政，信息化水平也参差不齐，部门间的信息系统缺乏互

联互通，有时甚至出现线上线下双套流程，不仅不能发挥信息化系统的高效率，反而降低了企业整体的工作效率。

（二）对智能化改造的资金投入不足

从整个稀土行业智能化改造的发展历程和对策措施来看，资金投入不足是制约稀土行业智能化改造的主要因素。智能化改造投资回报率难以量化，导致企业智能化改造动力不足。智能制造一次性投资较大，而在效益指标方面主要是通过服务水平、管理水平的提升等难以量化的并且需要较长时间运行后才能统计得出。巨额投资严重影响到试点示范项目的推广性，特别是对大多数民营企业和中小企业而言，更是如此。民营企业和中小企业在思想上难以推进智能制造，同时民营企业对成本管控意识更加严格，一次性大规模投资的项目更加谨慎。

（三）两化融合专业人才队伍匮乏

一是智能制造专业人才短缺，尤其是既了解稀土行业，又熟悉数字化解决方案的智能化改造人才、领军人才匮乏。

二是智能制造人才培养机制不健全。相关岗位目前在高校范围内并没有对应的专业，岗位员工需要企业自我培养，但高技能人才和领军人才非一朝一夕能够培养成功。

此外，由于当前经济形势和原材料行业大范围不景气，企业对高层次人才的吸引力不足。

三、加快我国稀土行业智能制造的相关建议

（一）加强组织协调和顶层设计

一是充分发挥稀有金属部际协调机制作用，将稀土行业智能化改造问题纳入工作内容中，协调解决推进过程中遇到的问题，并实现分阶段、分步骤的有序推进。

二是编制稀土行业智能制造发展指导意见和路线图，明确"十三五"期间稀土行业智能化改造重点任务和路径。

三是行业协会和联盟要发挥中介作用，一方面积极对接有关部门，鼓励会员企业积极落实政策；另一方面，搜集和反馈企业诉求，帮助企业解决智能制造推进过程中的实际困难。

（二）加快技术创新和关键共性技术研发

一是积极承接国家相关领域重大科技专项，突破智能制造领域核心关键技术。

二是通过行业联合攻关突破共性技术。稀土行业智能制造的实施需要突破关键信息技术，包括：全流程产品工艺质量管控与优化、设备状态监测与智能化管理技术、全流程能源及环保管理与优化、智能制造精准控制关键技术、智能装备及智能机器人关键技术等。

三是鼓励国内企业自主开发符合实际的稀土行业智能制造解决方案。

（三）加大金融支持

一是充分利用现有资金渠道对稀土行业智能化改造予以支持，鼓励企业积极争取国家智能制造基金、中小企业发展专项、技改资金等在智能制造领域的资金支持。

二是引导企业加大投入，设立稀土行业智能制造产业投资引导资金，引导社会资金进入智能制造领域，支持金融机构推出适合稀土行业智能制造发展的金融产品，拓宽企业的融资渠道，提高企业智能化改造的积极性。

（四）强化人才培养

一是加强稀土行业相关智能制造人才培训。促进企业和院校成为智能制造复合型人才培养的重要载体，鼓励有条件的企业建设智能制造实训基地，开展智能制造职业技能竞赛活动。

二是加大高端人才引进，建立人才交流机制，鼓励跨国公司、科研机构等在国内建立人才培训中心和研发机构。

专题五　建材行业智能制造研究

随着我国经济发展步入新常态，资源、环境等约束日趋强化，劳动力、资金等成本不断上升，建材行业作为能源资源消耗性产业，其发展面临着新挑战。智能制造作为先进制造业的发展方向，对推进建材行业转型升级、提升行业核心竞争力具有至关重要的作用。

一、我国建材行业智能制造的发展现状

（一）政策扶持行业智能制造快速发展

推出一系列扶持政策。建材行业作为典型的"两高一资"产业，随着国家经济发展步入新常态、环保压力日益加剧，加快推进智能制造将是实现建材行业转型升级的重要路径。2015 年国务院发布制造强国战略，明确将智能制造作为主攻方向，提出在水泥行业选取 2~3 家先进企业，建设智能水泥生产线。

开展试点示范。为加快推广智能制造成熟技术，2015 年工业和信息化部启动实施智能制造成熟技术为主攻方向，在建材行业转型升级的 6 个方面开展试点，范围涵盖石化、化工、冶金、建材、纺织等多个领域。从启动至今已经公布了 4 批共计 307 个示范项目名单，其中建材领域主要集中在水泥及制品、玻璃纤维、玻璃深加工等领域（见表 B-4）。

表 B-4　建材领域智能制造试点项目汇总

时间	项目名称	申报单位	项目所在地
2015 年	水泥智能工厂试点示范	中国联合水泥集团有限公司	山东省
	玻璃纤维智能工厂试点示范	泰山玻璃纤维有限公司	山东省
2016 年	水泥智能工厂试点示范	唐山冀东水泥股份有限公司	河北省
	显示玻璃智能工厂试点示范	芜湖东旭光电科技有限公司	安徽省
	汽车玻璃智能工厂试点示范	福耀玻璃工业集团股份有限公司	福建省
2017 年	玻璃纤维智能制造试点示范*	巨石集团有限公司	浙江省
	水泥智能工厂试点示范	天瑞集团郑州水泥有限公司	河南省
	水泥智能工厂试点示范	华润水泥（封开）有限公司	广东省
2018 年	6 代液晶玻璃基板智能制造试点示范	芜湖东旭光电科技有限公司	安徽省
	高性能混凝土智能工厂试点示范	贵州兴达兴建材股份有限公司	贵州省
	高性能混凝土智能工厂试点示范	中建西部建设股份有限公司	新疆维吾尔自治区

注：标*的项目同时为工业互联网应用试点示范项目。

资料来源：赛迪智库根据工信部 2015—2018 年智能制造试点示范项目名单整理。

开展两化融合发展水平评估工作。为客观、全面了解两化融合水平现状和发展定位，加强对标，工信部从 2009 年就启动了两化融合发展水平评估工作，水泥、平板玻璃行业等建材行业均委托相关单位启动了评估工作。自 2014 年起工信部审查公布了 5 批两化融合管理体系贯标试点企业，建材行业共计 84 家（其中仅 2018 年的入选企业就达到 43 家，占全部的一半以上），涵盖了水泥及制品、玻璃、陶瓷、节能门窗、涂料、防水材料等多个领域。

（二）不断深化新一代信息技术融合

建材行业智能制造本质上是制造技术与信息技术同步发展、紧密融合的过程。随着工业互联网、物联网、大数据、区块链等新一代信息技术在建材行业的应用不断深化，并逐渐渗透到产品的研发设计、生产制造、过程管理等各个环节，带来产业链的协同创新，催生和孕育新业态和新模式。

"智能工厂"建设就是新一代信息技术在建材领域的典型应用，目前国内已经在水泥、陶瓷等领域建成了多条"智能工厂"示范线。其中中建材旗下的中联水泥示范线是我国水泥行业首条世界级低能耗新型干法水泥全智能生产线，通过信息化、智能化技术的应用，基本实现了生产管理信息化、过程控制自动化、生产现场无人化、生产过程可视化。

大数据、物联网等新一代信息技术也在建材领域实现了初步探索应用，如贵州兴达兴建材股份有限公司依托贵州省大数据产业基础，尝试运用大数据、区块链等技术，自主研发和建设了国内首个高性能混凝土信息化产业平台——"砼智造"平台，并建成我国首个高性能混凝土大数据库，实现大规模个性化定制，填补了国内建材行业智能制造空白。

（三）"机器换人"进展加快

企业积极开展"机器换人"。建材行业作为传统的人工密集型产业，随着人工成本的不断攀升、安全生产问题凸显等，"机器换人"已经成为越来越多建材企业的选择，水泥、玻璃、陶瓷、砖瓦、砂石等领域均有涉足。其中全国最大的建筑陶瓷产区佛山市，对自动化生产的需求正呈现爆发性增长趋势，对工业机器人的需求以每年 40%的幅度增长，其中仅喷涂、打磨两项，佛山本地的工业机器人生产企业就接到超亿元的订单。

各地积极推动"机器换人"。开展"机器换人"是提升产业发展水平、打造竞争新优势的重要路径，浙江、河南、山东、广东、江西等多个省份纷纷出台政策，积极开展"机器换人"，通过财政补贴、试点示范等方面引导企业开展"机器换人"（见表 B-5）。

表 B-5　部分省（市）工业机器人鼓励政策汇总

地区	扶持政策	主要内容
河南省	机器人产业示范应用"十百千"工程	在水泥、粮食、制砖、废料装车等物流运输领域推广使用自动装车机器人进行操作
山东省	"机器换人"技术改造专项	到 2022 年，万人机器人数量达到 200 台以上，智能制造试点示范项目实施前后企业运营成本降低 20%，生产效率提高 20%
江西省	《加快推进人工智能和智能制造发展若干措施》	"十三五"期间，每年实施 4000 亿元相关投资，安排 2 亿元用于支持智能制造

资料来源：赛迪智库根据公开资料整理。

（四）电子商务应用比例大幅提高

水泥电商比例大幅提高。水泥受制于其附加值低、销售半径小、运费高等因素，导致传统销售模式多以线下方式进行。随着电子商务的发展，为水泥电商销售提供了很好的平台，目前，水泥电商平台销售的产品不仅提供袋装、散装各标号水泥，还包括下游的混凝土、制品及相关设备、配件，甚至装修服务等。

玻璃现货和期货两大电子商务平台运营稳定。平板玻璃产品的电子商务进展顺利，作为全国最大的平板玻璃产区，河北省沙河市成功搭建了全国玻璃现货和期货两大电子商务平台，其中玻璃期货平台于 2012 年 12 月在郑商所推出，现货交易平台由中国玻璃交易平台与天津渤海商品交易所合作，于 2013 年正式挂牌上市。经过多年的运营，目前玻璃现货和期货平台运营稳定，现货平台每年交易额超 700 亿元。

二、我国建材行业智能制造存在的问题

（一）企业推进智能制造的经验缺乏

虽然我国建材行业智能制造进展顺利，但总体尚处于探索阶段，各行业间发展程度不均衡，处于机械化、电气化、自动化、数字化并存的阶段。且智能制造是一项整体性工作，复杂程度高，系统整体解决方案供给能力不足，不同的建材子行业间差异又比较大。目前国家也在积极推动试点示范，试图积累成

功的经验并加以推广应用，但由于目前国内建材企业间自动化系统的技术参数不同，来源厂商不同，很多经验推广起来有难度。

（二）技术服务能力有待提高

建材行业包含水泥、玻璃、建筑陶瓷、砂石、耐火材料、非金属矿等多个子行业，不同行业的工艺路线、生产模式均不同，对智能制造的需求也存在很大的差异，即使是同一行业不同企业的需求也不尽相同，这就要求智能制造供应商按照行业和企业的需求提供个性化的产品和服务，但在实际的推进过程中，目前的智能化技术往往无法满足企业需求，针对企业实际开展定制化智能制造改造的能力尚不足，后期的技术维护也存在短板。

（三）对智能制造认识不足

企业是实施智能制造的主体，不同企业对智能制造内涵的认知和理解差异较大，对推进智能制造发展路径不够清晰。

企业作为智能制造的实施主体，必须对智能制造有着较为清晰、明确的认识，才能起到积极的推动作用，而建材行业以中小企业为主，受制于企业规模和管理认知，对智能制造的内涵认知普遍不足。一方面有的企业受制于资金、思想等限制，对智能制造的积极性不高，也不愿意投入过多的资金，仅仅关注在生产过程的自动化、智能化过程和自动化设备，或进行简单的设备改进或者"机器换人"，并没有从企业自身实际需求出发，改进效果并不显著。另一方面有的企业在没有完全理解智能制造内涵的情况下，盲目求全求大，仓促上阵，缺乏整体规划，投入大量的资金开展各种智能化改造，但是有些可能并不适用于自身企业，造成资金浪费，同时也不能很好发挥智能制造的作用。

（四）智能制造专业人才缺乏

建材行业智能制造发展需要一批既熟悉业务，又了解新一代信息技术的复合型人才。一方面建材行业作为传统资源密集型产业，高新技术本身就是短板，而且建材产业在快速发展的过程中更加关注的是市场和产能，因此更加注重生产型人才和销售型人才的培养，且部分企业管理者由于认知的差距，对智能制造的相关人才重视程度不够，企业中从事智能制造相关的工作人员待遇相比其他岗位一般较低。另一方面由于建材行业生产环境、地理位置等普遍较差，很多对智能制造技术较为了解和熟悉的人才并不愿意选择建材行业，而更愿意去一些大型的离散型制造企业或环境较为便利的区域发展，从而造成推动建材行业智能制造发展所需的人才非常缺乏。

（五）中小企业智能制造水平偏低

相比钢铁、石化等原材料产业，建材行业中小企业占比较高，其中 80%以上的建材企业均属于中小型企业，中小型企业在建材行业中占有重要地位，但目前中小企业智能制造明显推动较慢。建材行业要推行智能制造，需要在生产设备、管理系统、办公系统等方面投入大量的建设资金，受制于其生产规模和盈利能力限制，一般的中小企业难以承担。推动智能制造的内生动力不足，没有足够动力做智能化的升级改造。另一方面，即使企业盈利能力尚可，但企业整体体量偏小，不可能将全部的盈利投入到智能制造升级改造中去，一般的中小企业都不会选择对现有的模式和设备进行大规模的智能化革新，大部分采取细水长流的模式进行投入，这也导致无法实现企业快速转型升级。

三、加快我国建材行业智能制造的相关建议

（一）发挥政策引领作用

研究制定推动建材行业智能制造发展的细化政策，将提升企业的智能制造水平作为一项重点内容，明确各子行业智能制造的发展目标和实现路径，统筹规划，重点推进，引领行业智能制造工作；同时将企业智能制造水平作为行业规范条件的考核指标，提高行业准入门槛，引导企业提高智能制造水平，减少落后工厂和恶性竞争，促进提高行业集中度。研究制定符合建材行业资源型产业特征的、操作性强的信息化标准规范和指南，引导企业实施并落地。

（二）提升信息服务水平

在目前建材行业中，一些中小企业空有提升信息化水平的想法，却不知如何着手。针对这一现象，需建立技术融合、产品融合、业务融合、产业衍生等全方位培训机制，开展建材行业两化融合专业人才培训，同时吸收有实践经验的专家和信息技术人员为企业出谋划策，提供可行方案，提升行业信息服务水平。

（三）加强试点示范

选择有代表性且处于不同发展阶段的建材企业或产业园区，以产品设计信息化、生产管理信息化、信息化集成、市场营销网络化、大数据平台建设、智能工厂建设等新一代信息化技术应用为重点，培育试点示范，总结推广创新能力强、经济收益好的两化融合示范标杆企业的适用案例和典型经验，通过开展现场交流、培训等专题活动，以点带面，促进建材行业智能制造的推广普及。

（四）加强人才培养

一是鼓励企业加强内部智能制造相关人才培养的力度，组织开展各项培训课程，制定相关激励措施，全面加强培养企业智能制造管理人才、技术人才等。

二是加大复合型高层次人才的引进力度，积极引进既懂新一代信息技术、又熟悉建材领域的高层次人才，建立人才信息及招聘平台，优化用工招聘双向选择机制，构建以技术项目为导向的人才对接模式，实现柔性引才战略，积极引进高层次人才。

三是营造和谐的人才发展环境，完善企业首席信息官制度，完善人才社会保障体系，建立人才激励机制，设立向智能制造优秀人才和关键岗位倾斜的分配激励机制，健全人事争议仲裁和劳动监察制度，确保各项人才政策落实到位。

（五）加大资金扶持

利用技术改造等专项资金，加大对建材行业利用新一代信息技术促进节能减排、安全生产、化解过剩产能等重点重大项目的支持扶持力度，设立专项资金，大幅提高智能制造引导资金额度，扩大支持面。制定差别化财政、信贷税费减免政策，对具备条件的企业给予支持。加大对建材智能制造技术研发的奖励支持，激励研发人员和专业技术公司深度开发智能制造技术成果，进一步完善智能制造相关技术成果产权保护机制，加速相关科研成果的应用和转化。

后 记

为全面客观反映 2018 年中国原材料工业发展状况并对 2019 年原材料工业发展状况作出预测，在工业和信息化部原材料工业司的指导下，赛迪智库材料工业研究所编撰完成了《2018—2019 年中国原材料工业发展蓝皮书》。

本书由刘文强担任主编，肖劲松、马琳为副主编，马琳负责统稿。各章节撰写分工如下：曾昆负责第二、二十九章；张镇负责第二十三、二十四、二十五、二十六、二十七章；马琳负责第一、六、八、九、十、二十九章；王本力负责第一、五、八、九、十、二十九章；李丹负责第一、七、二十九章；商龚平负责第一、三、八、九、十、二十九章；李茜负责第十六、十七、十八、十九、二十章；车超负责第一、四、八、九、十、二十九章；申胜飞负责第十一、十二、十三、十四、十五、二十八章；刘莹莹负责第二十一、二十二、二十八章。

在本书的编撰过程中还得到了相关省份和行业协会领导、专家提供的资料素材，特别是得到了李拥军、李明怡等专家提出的宝贵修改意见和建议，在此表示衷心感谢。由于编者水平有限，本书难免有疏漏、错误之处，恳请读者批评指正。如借此能给相关行业管理机构、研究人员和专家学者带来些许借鉴，将不胜荣幸。

思想，还是思想
才使我们与众不同

《赛迪专报》　　　　　《安全产业研究》　　　　　《产业政策研究》

《赛迪前瞻》　　　　　《工业经济研究》　　　　　《军民结合研究》

《赛迪智库·案例》　　《财经研究》　　　　　　　《工业和信息化研究》

《赛迪智库·数据》　　《信息化与软件产业研究》　《科技与标准研究》

《赛迪智库·软科学》　《电子信息研究》　　　　　《无线电管理研究》

《赛迪译丛》　　　　　《网络安全研究》　　　　　《节能与环保研究》

《工业新词话》　　　　《材料工业研究》　　　　　《世界工业研究》

《政策法规研究》　　　《消费品工业"三品"战略专刊》　《中小企业研究》
　　　　　　　　　　　　　　　　　　　　　　　　《集成电路研究》

通信地址：北京市海淀区万寿路27号院8号楼12层
邮政编码：100846
联 系 人：王　乐
联系电话：010-68200552　13701083941
传　　真：010-68209616
网　　址：www.ccidwise.com
电子邮件：wangle@ccidgroup.com

研究，还是研究
才使我们见微知著

规划研究所	知识产权研究所	安全产业研究所
工业经济研究所	世界工业研究所	网络安全研究所
电子信息研究所	无线电管理研究所	中小企业研究所
集成电路研究所	信息化与软件产业研究所	节能与环保研究所
产业政策研究所	军民融合研究所	材料工业研究所
科技与标准研究所	政策法规研究所	消费品工业研究所

通信地址：北京市海淀区万寿路27号院8号楼12层
邮政编码：100846
联系人：王 乐
联系电话：010-68200552 13701083941
传　真：010-68209616
网　址：www.ccidwise.com
电子邮件：wangle@ccidgroup.com